Guter Start & sanfte Landung

■ Bausteine für lebendige Gespräche in Kleingruppen –
■ Impulse für Einstieg und Austausch

BRUNNEN
VERLAG GIESSEN · BASEL

Titel der amerikanischen Originalausgabe:
Steve Sheely. Ice-Breakers and Heart-Warmers

Deutsche Bearbeitung: Renate Hübsch

Umschlaggestaltung: Ralf Simon
Satz: DTP Brunnen
Herstellung: St.-Johannis-Druckerei, Lahr
ISBN 3-7655-0703-2

Inhalt

Das Geheimnis lebendiger Gruppengespräche

Lebendige Gespräche, eine gute Atmosphäre, spürbare Gemeinschaft – welcher Gruppenleiter wünscht sich das nicht für seine Kleingruppe. Die Teilnehmer sollen persönlich angesprochen sein, eigene Erfahrungen ins Gespräch einbringen können und sich untereinander besser kennenlernen – Gespräche, die diese Elemente beinhalten, lassen eine Gruppe in kurzer Zeit zu einer echten Gemeinschaft zusammenwachsen, in der tragfähige Beziehungen sich entwickeln können. Das ist die Basis für ein offenes und lebensnahes Gespräch über Glaubensfragen und -erfahrungen.
Genau dazu möchte diese Sammlung von Impulsen für die Einstiegs- und die Austauschphase von Gruppentreffen Ihnen verhelfen.
Der Beginn eines Treffens stellt entscheidende Weichen für die Gesprächsatmosphäre und den weiteren Verlauf. Man kann noch so interessante und wichtige Sachthemen darbieten – wenn kein Gespräch aufkommt oder niemand sich traut, seine eigene Sicht der Dinge zu äußern, läuft an dieser Stelle auch die beste Vorbereitung ins Leere. Bevor Sie in die eigentliche „Themenarbeit" einsteigen, ist es wichtig, daß „das Eis schmilzt" und eine offene, vertrauensvolle und lockere Atmosphäre entsteht. Für einen solchen gelungenen Start sind in diesem Buch geeignete Einstiegsimpulse („Eisbrecher") zusammengestellt.

„Eisbrecher" verhelfen der Gruppe zu einem guten Start. Sie geben Gelegenheit, die verschiedenartigen Erlebnisse des Tages hinter sich zu lassen und sich auf die Gegenwart und die Begegnung in der Gruppe einzustellen. Die Eisbrecher bringen Humor und Phantasie ins Spiel. Das Gespräch wird nicht gleich „tierisch ernst". Jeder Teilnehmer kann frei entscheiden, wie weit er sich auf die „Gesprächsangebote" einlassen möchte.
Stellen Sie sich Ihre Beziehungen vor wie ein Haus. Darin gibt es verschiedene Räume. Die meisten unserer Alltagsbeziehungen spielen sich in nur einem kleinen Teil unseres Lebenshauses ab. Wir tauschen Neuigkeiten und Informationen aus, wir reden über das Wetter, über den Einkauf oder über die Wahlergebnisse oder die Fußballsaison. Wir bleiben sozusagen am Gartenzaun oder an der Haustür stehen. In einer Gruppe, die sich über längere Zeit hinweg regelmäßig trifft, können Beziehungen wachsen, die mehr sind als „Gartenzaungespräche". Im Idealfall bietet eine Kleingruppe ein Zuhause, in dem alle Mitglieder die Anteilnahme und Unterstützung einer Gemeinschaft erfahren. In der Gruppe ist es möglich, Türen zu sehr verschiedenen Räumen unseres Lebenshauses zu öffnen und diese Räume gemeinsam zu „bewohnen" oder zu gestalten – Räume, in denen Sie gemeinsam spielen, lachen, beten, sich gegenseitig ermutigen, Lasten loswerden, Visionen entwickeln und Träume verwirklichen, Rat suchen und geben, Anregungen erfahren, gemein-

sam im Glauben wachsen und viele weitere „glückliche Entdeckungen machen, die Sie vielleicht gar nicht gesucht haben ..."
Eisbrecher bringen dieses Zusammenwachsen in Gang. Sie geben Gelegenheit, auch einmal Seiten von sich selbst zu zeigen und an anderen kennenzulernen, die meist im Verborgenen bleiben. Eisbrecher öffnen Türen zu den Räumen, die im Alltag meist unbenutzt oder verschlossen bleiben. Eisbrecher ermöglichen es, daß eine Gruppe für alle Beteiligten zu einem Ort wird, an dem die Masken abgelegt werden können und jeder und jede so sein darf, wie er oder sie ist.
Jedes gelungene Gruppentreffen lebt von einem gewissen „Zauber". Zwischen dem Zusammenkommen und dem Abschied ereignet sich etwas, was für alle spürbar ist und den „Charme" der Gruppe ausmacht: Aus vielen Einzelnen mit ihren individuellen Freuden, Sorgen und Problemen ist eine Gemeinschaft geworden, in der Vertrauen, Unterstützung und Ermutigung erfahren werden.
Natürlich geschieht so etwas nicht von selbst oder automatisch. Eine lebhafte Diskussion über ein interessantes Thema oder eine „theologisch korrekte" Bibelarbeit allein machen eine Gruppe noch nicht zwangsläufig zu einem „emotionalen" Zuhause für die Teilnehmer. Wenn Vertrauen, Offenheit und Verbundenheit im Glauben in einer Gruppe wachsen, dann ist das immer eine bereichernde Erfahrung für alle Beteiligten. Der Prozeß, in dem so etwas geschieht, erfordert viel Feingefühl und läßt sich nicht bis ins letzte Detail „steuern". Es gibt aber Hilfsmittel, die eine Gruppe „in die richtige Richtung" schicken. Eisbrecher können diesen Vertrauensprozeß in Gang setzen. Das anschließende Gespräch über ein Thema oder einen Bibeltext wird davon profitieren: Man kann offener miteinander reden, auf unterschiedliche Erfahrungen hören und darauf eingehen, und der Bezug des Themas zum eigenen Leben gerät in den Blick. Der Glaube gewinnt „Bodenhaftung". Ein gemeinsames Gebet am Ende des Treffens kann die persönlichen Anliegen aufnehmen, die zuvor zur Sprache gekommen sind: Dank und Freude, Sorgen und Hoffnungen werden gemeinsam vor Gott gebracht. Das kann zu einem Höhepunkt der gemeinsamen Glaubenserfahrung werden.
Gegenseitiges Vertrauen und persönliche, verbindliche Anteilnahme entstehen in einer Gruppe nicht allein durch einen guten Gesprächseinstieg. Ein guter Start ist wichtig, aber er ist nicht alles. Ebenso wichtig ist ein gelungener Abschluß, eine sanfte, geglückte Landung. Deshalb enthält dieses Buch noch weitere Gesprächsbausteine – Bausteine, die zum Abschluß eines Themengesprächs die Alltagserfahrung und die persönliche Situation der Teilnehmer in den Blick nehmen. Das gemeinsame Gespräch bleibt keine isolierte, vielleicht interessante „Theorie", sondern wird für den Alltag relevant. Im gegenseitigen Austausch werden persönliche Beziehungen vertieft und gestärkt.

Diese Impulse für den Austausch sprechen vor allem die Glaubenserfahrung der Teilnehmer an. Die wenigsten Menschen breiten ihre persönlichen Glaubensfragen oder -erfahrungen vor einer Gruppe von mehr oder weniger fremden Leuten aus. Über das, was uns wirklich bewegt, reden wir nur in einem Rahmen, in dem wir damit rechnen, daß unser Vertrauen nicht enttäuscht wird. Auch das gemeinsame Gebet setzt ein relativ hohes Maß an gegenseitigem Vertrauen voraus, wenn dabei wirklich Anliegen zur Sprache kommen sollen, die nicht nur die Welt im allgemeinen betreffen, sondern die konkreten Schwierigkeiten, die die Teilnehmer der Gruppe im Moment betreffen. Die Bausteine für einen offenen Austausch unterstützen die Gruppe auf dem Weg zu gegenseitiger vertrauensvoller Anteilnahme und einem ehrlichen Gespräch über Entdeckungen, Fragen und Erfahrungen mit dem Glauben.

Nicht jeder Vorschlag eignet sich für jede Gruppe. Gruppen, die sich gerade erst zusammenfinden, brauchen andere Impulse als solche, die sich bereits seit einiger Zeit kennen und schon etwas weiter sind auf dem Weg dahin, zu einem geistlichen und menschlichen Zuhause für die Teilnehmer zu werden. Als Gruppenleiter oder Gruppenleiterin werden Sie am besten wissen, welcher Gesprächsimpuls für Ihre Gruppe geeignet und hilfreich ist. Um Ihnen die Orientierung zu erleichtern, haben wir die einzelnen Vorschläge mit „Eignungskriterien" versehen:

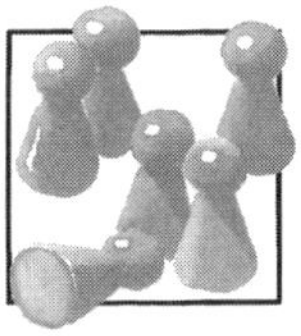

geeignet für neue Gruppen und gesprächsunerfahrene Teilnehmer

für fortgeschrittene Gruppen mit einiger Gesprächserfahrung (3 Monate bis 1 Jahr)

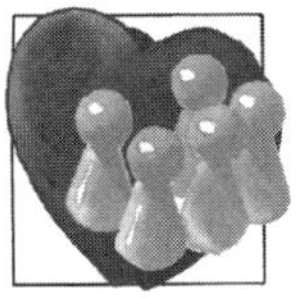

für „alte Hasen"

Was brauchen Sie jetzt?

Ein weiteres Kriterium, das Sie bei der Auswahl der Vorschläge beachten sollten, ist die Stimmung der Gruppe. Möchten Sie eher spielerisch und humorvoll einsteigen? Brauchen Sie eine Anregung für einen Austausch nach einem sehr ernsten Gespräch? Hat das Gespräch viele Fragen aufgeworfen?
Sie können sich an den folgenden Signets orientieren:

Humorvoll, spielerisch

Ernsthaft, nachdenklich, vertiefend

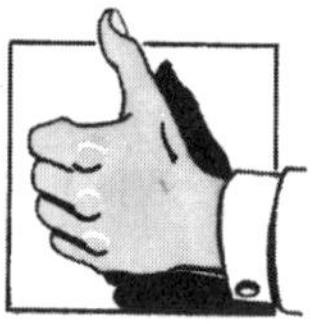

Zuspruch, Ermutigung

Praxistips

Die folgenden Hinweise helfen Ihnen, die Vorschläge in diesem Buch optimal zu nutzen und in Ihrer Gruppe gewinnbringend einzusetzen:

- Weisen Sie in der Gruppe deutlich darauf hin, daß selbstverständlich jeder Teilnehmer selbst entscheiden kann und muß, ob und wie weit er sich auf das Gespräch einlassen will. Jeder bestimmt selbst, wieviel Offenheit er sich in der Gruppe zutraut.

- Geben Sie genaue Zeitvorgaben. (Etwa: „Wir haben für diesen Teil 20 Minuten Zeit, so daß jeder etwa 2 Minuten Zeit hat, etwas von sich zu berichten.")

- Weisen Sie darauf hin, daß jeder das Recht hat, sich nicht zu einer Frage zu äußern und das Wort weiterzugeben.

- Vielleicht möchten Sie den einen oder anderen Vorschlag ein wenig abändern, damit er besser für Ihre Gruppe geeignet ist. Kein Problem! Seien Sie kreativ!

- Nutzen Sie möglichst verschiedenartige Vorschläge. So können sich die verschiedensten Interessen und Veranlagungen bei den Gruppenteilnehmern entfalten. Unterschiedliche Erinnerungen, Träume, Empfindungen, Ideen und Perspektiven können zur Sprache kommen.

- Zeigen Sie Fingerspitzengefühl. Wenn Sie sehr sensible oder seelisch belastete Teilnehmer in Ihrer Gruppe haben, sollten Sie die vorgesehenen Bausteine sehr sorgfältig auswählen. Manche Vorschläge enthalten persönliche Fragen, die normalerweise unproblematisch sind; für Menschen in schwierigen Lebenssituationen aber eine Überforderung darstellen können. Haben Sie daher bei der Auswahl des Materials stets Ihre Gruppe vor Augen.

- Zu Anfang müssen Sie vielleicht häufig der „Motor" oder „Traktor" sein. Erfahrungsgemäß kommt ein Gespräch leichter in Gang, wenn Sie als Gruppenleiter/in den ersten Beitrag beisteuern. Damit erleichtern Sie es anderen, sich ebenfalls ins Gespräch einzubringen.

Wie entsteht Gemeinschaft?

Die „Beziehungsbrücke" veranschaulicht die „Grundpfeiler" der Gruppenbildung. In der Anfangsphase einer Gruppe stehen alle Teilnehmer sozusagen auf ihrem eigenen Ufer. Wenn Gemeinschaft entstehen soll, muß man beginnen, Brücken zueinander zu bauen. Diese Beziehungsbrücken ruhen auf drei Pfeilern:

Erster Pfeiler: Die eigene Geschichte

Das Beste und Wichtigste, was jeder in die Gruppe einbringen kann, ist er selbst. Besonders in der Anfangszeit einer Gruppe – aber auch später immer wieder – geht es darum, einander kennenzulernen. Dazu gehört, etwas über die Lebensgeschichte der anderen zu erfahren – jeder ist ja geprägt von bestimmten Erfahrungen.
„Eisbrecher" zum Einstieg schaffen Gelegenheit, sich gegenseitig unter diesem Aspekt kennenzulernen. Manchmal wird eine Lebensgeschichte nach und nach deutlich – ein Puzzleteil kommt zum anderen. Oder jemand packt vielleicht einmal richtig aus und erzählt von einem Ereignis, das einen Meilenstein in seiner Entwicklung darstellt.
Hier ist auch Gelegenheit, über Erfahrungen mit dem Glauben zu sprechen:
In der Vergangenheit: Was waren wichtige Ereignisse, Erinnerungen, Personen, persönliche Erfahrungen und Erfahrungen mit der Kirche?
In der Gegenwart: Wo stehe ich zur Zeit in bezug auf Glauben, Gott, Kirche?
Für die Zukunft: Was wünsche ich mir in dieser Hinsicht? Was erwarte, was erhoffe ich?

Zweiter Pfeiler: Annahme

Mit dem zweiten Pfeiler wächst die Beziehungsbrücke um ein gutes Stück. Nähe entsteht durch die Reaktionen der anderen auf das Erzählte. Dabei geht es nicht nur um ein „Feedback" oder schlichtes Zuhören. Menschen werden angenommen, wie sie sind – mit ihrer Geschichte. Ratschläge und Bewertungen sind hier nicht angebracht: Erfahrungen sind Erfahrungen, und jeder hat das Recht auf eine persönliche Sicht der Dinge. Hier heißt es vielmehr: „Danke, daß Sie uns das erzählt haben ... Ich kann mir vorstellen, was Sie durchgemacht haben ... Ihre Geschichte hilft mir, weil ..."
Eine Gruppe, die lernt, so miteinander umzugehen, baut damit kräftig an einem tragfähigen Beziehungsfundament.

Dritter Pfeiler: Ziele setzen

Die eigene Geschichte zu erzählen und damit angenommen zu werden, schafft die Basis für Beziehungen. Vertieft werden diese Beziehungen, wenn man es wagt, in unerforschtes Terrain vorzustoßen. Mit dem dritten Pfeiler gelangt die gegenseitige

Offenheit auf eine tiefere Ebene. „In welche Richtung will ich mich weiterentwickeln? ... Wo will Gott mich haben? ... Was hält mich davon ab, mein Leben in diese Richtung zu verändern?"
Hier spielen die Impulse für den Austausch eine besondere Rolle. Feinfühlig und behutsam geben sie Hilfestellung für ein offenes Gespräch über diese sehr persönlichen Fragen.

Das neue Ufer: Gemeinschaft
Gemeinschaft schließt Anteilgeben und Anteilnehmen ein. Menschen „teilen" einen gemeinsamen Glauben. Diese Gemeinschaft läßt sich verwirklichen – durch aufrichtiges Miteinander und gegenseitige Anteilnahme und Unterstützung. Wenn sich Christen versammeln, sich Anteil geben an ihren Erfahrungen mit Gott und seinem Wort und füreinander da sind, will Gott durch seinen Geist daraus eine Gemeinschaft schaffen – etwas Neues, etwas „Ganzes, das mehr ist als die Summe seiner Teile".

Und noch etwas Wissenswertes für Gruppenleiter/innen:

Was ist gute Kommunikation?

Reden kann jeder, natürlich. Aber Reden allein führt noch nicht dazu, daß wir uns verstehen. Darum aber geht es in einer Kleingruppe. Die Fähigkeit, echte Gespräche zu führen oder anzuregen, ist deshalb für Sie als Gruppenleiter/in besonders wichtig. Kommunikation findet auf verschiedenen Ebenen statt:

Ebene 1: Allgemeines Gespräch. Bei dieser Art von Kommunikation befindet man sich auf sicherem Terrain. Keiner gibt etwas von sich preis. Man unterhält sich über das Wetter, das Fernsehprogramm, aktuelle Ereignisse und benutzt dazu gängige Redewendungen wie: „Na, wie geht's?" oder „Mensch, ist das eine Hitze!" Hier wird nichts Persönliches weitergegeben. Jeder wahrt einen gewissen Sicherheitsabstand, und man tritt niemandem zu nahe.

Ebene 2: Austausch von Informationen und Tatsachen. Auf der zweiten Ebene reden wir über aktuelle Ereignisse, Tatsachen und Grundsätzliches, aber nicht über uns selbst. Wir unterhalten uns vielleicht über andere, aber wir lassen uns selbst und unsere Situation aus dem Spiel. Auf dieser Ebene fallen Sätze wie: „Beim letzten Treffen haben wir festgelegt, daß wir folgendermaßen vorgehen wollen ..." oder „Hast du von dem Unfall gehört?"

Ebene 3: Austausch von Gedanken und Meinungen. Hier beginnt das persönliche Gespräch. Wir gehen schon mal ein kleines Risiko ein, indem wir unsere eigenen Ideen und Meinungen einfließen lassen. Wir sagen etwa: „Ich glaube, wer gegen Ausländer ist, kann bloß nicht mit seiner eigenen Angst und Wut umgehen."

Ebene 4: Gefühle mitteilen. Auf dieser Ebene geben wir unsere Gefühle über Ereignisse und Meinungen zu erkennen. Hier geschieht der Schritt über den Gedankenaustausch hinaus ins Reich der Gefühle. Das birgt Risiken, denn wer Gefühle zeigt, macht sich verletzlich. Ein Beispiel für Kommunikation auf dieser Ebene wäre: „Wenn ich mit anderen rede, erwarte ich immer, daß sie mir widersprechen. Manchmal glaube ich, die Leute mögen mich nicht."

Ebene 5: Gespräch über persönliche Angelegenheiten. Hier haben wir den „Gipfel" der Kommunikation erreicht. Auf dieser Ebene gibt es Gespräche mit einem hohen Grad an Offenheit und Transparenz. Selbst die eigenen Schwächen können hier zur Sprache gebracht werden. Meistens schämen wir uns, einander auf dieser Ebene zu begegnen. Ein Beispiel für Kommunikation auf dieser Ebene: „Wir sind zur Zeit wirklich deprimiert und mutlos. Letzten Dienstag hat Luisa uns eröffnet, daß sie schwanger ist. Ich bin so wütend und fühle mich so hilflos … Ich weiß nicht, was ich machen soll."

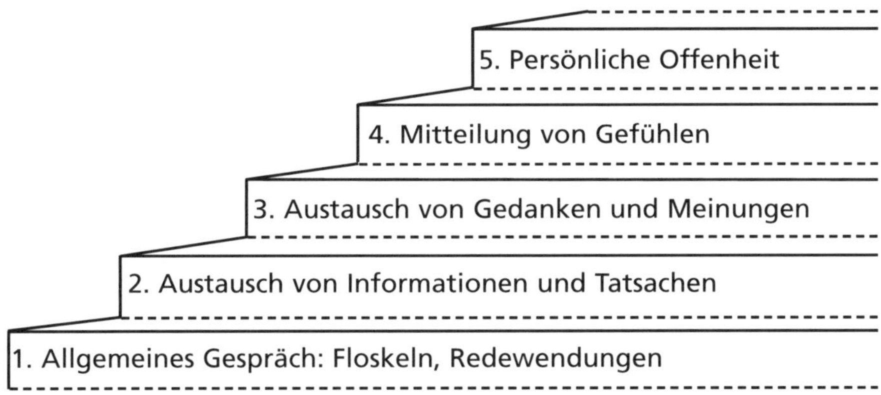

Lebendige Bibelgespräche in Kleingruppen

1. Bibelstudium allein und in der Gruppe – ein großer Unterschied

Gemeinsames Bibelstudium in einer Gruppe ist etwas anderes als das persönliche Bibellesen. Besonders in der Anfangsphase einer Gruppe hat das Bibelstudium einen anderen Zweck: Es unterstützt den Prozeß, zu einer Gruppe zusammenzuwachsen. Damit das geschieht, ist es wichtig, einander von der jeweils persönlichen Glaubensgeschichte zu erzählen.

2. Grad der Öffnung

Über den eigenen Glaubensweg offen zu sprechen fällt wohl den wenigsten Menschen leicht. Ängste gibt es besonders, wenn man sich in der Gruppe noch kaum kennt. Hier hilft es, zuerst über die Glaubenserfahrungen eines Dritten zu reden (z.B. einer biblischen Person). Danach ist es leichter, von dort die Brücke zum eigenen Leben zu schlagen.

Biblische Geschichte	**Meine Geschichte**
Kleines Risiko	*Hohes Risiko*
Wie Petrus Jesus begegnete	Wie ich Jesus begegnete
Was geschieht im Leben von Petrus?	Was ist bei mir los?

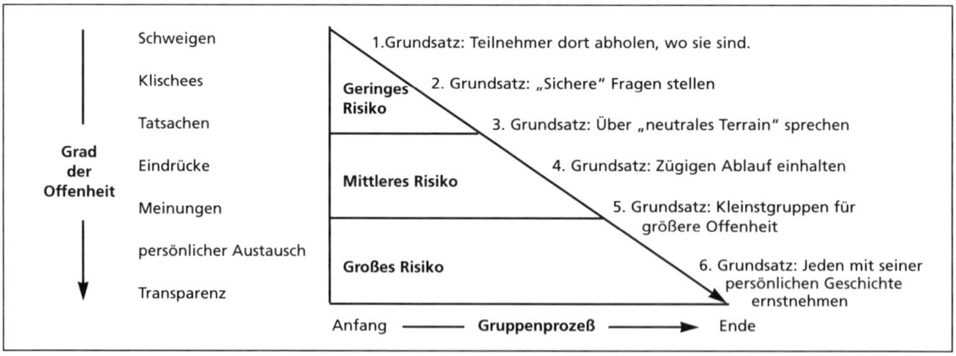

3. Offene Fragen

Offene Fragen geben Raum für verschiedene Antworten, persönliche Beobachtungen, bei denen es nicht um richtig oder falsch geht. Geschlossene Fragen (Ja/Nein-Fragen) und „Wissensfragen" hingegen beenden eine Diskussion meist sehr schnell. Die Gesprächsimpulse sollten darauf zielen, persönliche Eindrücke, Motive, Empfindungen, Hintergründe und Gefühle bewußt zu machen, die jede/r im Zusammenhang mit einem Text erlebt.

4. Multiple Choice Fragen – eine Frage, mehrere Antworten:

Multiple Choice Fragen ermutigen auch Menschen mit wenig Hintergrundwissen zum Mitmachen. Durch die vorgeschlagenen Antworten fühlt sich auch ein Anfänger nicht bedroht. Auch sehr zurückhaltende Menschen finden auf diese Weise leichter ins Gespräch.

5. Straffer Ablauf

Ein straffer Gesprächsablauf ist besser, als die Zügel ganz locker zu lassen – besonders in der Startphase einer Gruppe. Die Teilnehmer fühlen sich geborgener. Es fällt ihnen leichter, sich zu öffnen. Manche Teilnehmer wollen auch noch nicht zu viel und zu lange über Persönliches reden.

6. Vierergruppen

Für Bibelgespräche und persönlichen Austausch sind Gruppen von vier Personen besser geeignet als größere Gruppen. Vielleicht haben Sie in Ihrer Gruppe einen Ingenieur, eine Geschäftsfrau, einen Buchhalter, zwei Mütter und Familienfrauen, einen Schriftsteller, einen Bibliothekar, die Leiterin einer Werbeagentur und einen Prediger. Wer, denken Sie, wird das Gespräch übernehmen? Und wie lange, denken Sie, wird das Gespräch dauern? Ganz richtig! Wenn Sie diese Leute zusammen lassen, haben Sie ein Problem. Aber wenn die Gruppe aufgeteilt wird in kleinere Gruppen, hat jeder Gelegenheit, sich am Gespräch zu beteiligen, und man kann es in viel kürzerer Zeit abschließen.

Kleine Checkliste – Stimmt der Kurs?

Die folgende Checkliste verschafft Ihnen schnell einen Überblick, ob Sie als Gruppenleiter/in mit Ihrer Gruppe auf dem richtigen Kurs sind.

- ❑ Beginnen Sie die Gruppentreffen mit einem Einstieg, der auf die Situation Ihrer Gruppe zugeschnitten ist und Gelegenheit gibt, in lockerer Form anzukommen und sich „ans Gespräch heranzutasten"?

- ❑ Unterstützen Sie das Wachstum von Vertrauen und persönlicher Offenheit, indem Sie das Gespräch über persönliche Fragen durch geeignete Übungen anregen?

- ❑ Fördern Sie ein offenes Gespräch über Glaubensfragen durch Fragen, die nach und nach einen größeren Grad an Offenheit ermöglichen?

  - Fragen, die Gelegenheit geben, persönliche Erfahrungen und Meinungen zur Sprache zu bringen?
  - Vermeidung von „Wissensfragen" und „Ja/Nein-Fragen"?
  - Antwortangebote (evtl. durch multiple choice-Fragen), die es auch gesprächsungeübten Teilnehmern ermöglichen, sich am Gespräch zu beteiligen?
  - Bildung von Kleinstgruppen, in denen auch die zurückhaltenden Gruppenmitglieder zu Wort kommen?

- ❑ Berücksichtigt Ihr „Gruppenprogramm" die Elemente Gemeinschaftsbildung, Glaubensvertiefung und gemeinsame Aufgabe in ausgewogener Weise?

- ❑ Wirken Sie durch Ihre Gesprächsleitung darauf hin, daß wertende Reaktionen und Ratschläge im Gruppengespräch vermieden werden?

Ich bin ein Mensch, der … (1)

Kreuzen Sie auf der folgenden Liste fünf Angaben an, die auf Sie in besonderer Weise zutreffen. Wenn alle fertig sind, sammeln Sie die Zettel (bzw. die Bücher) ein und legen Sie (nachdem Sie ein wenig „durchgemischt" haben) sie in der Mitte auf einen Stapel. Nun nimmt sich jeder einen Zettel (bzw. ein Buch) aus der Mitte. Der Reihe nach wird vorgelesen, was angekreuzt ist, und die Gruppe muß erraten, wem das Buch (bzw. der Zettel) gehört.

Ich bin eher jemand, der/die …

Ja	Nein	Eventuell	
❑	❑	❑	nach dem Weg fragt, wenn ich mich verfahren habe.
❑	❑	❑	rot wird, wenn er/sie Komplimente bekommt.
❑	❑	❑	im Kino laut herauslacht.
❑	❑	❑	bei der Frage nach dem eigenen Alter schon mal mogelt.
❑	❑	❑	an die Schnellkasse geht, auch wenn der Einkaufswagen überquillt.
❑	❑	❑	Fallschirmspringen ausprobieren würde.
❑	❑	❑	nicht gern in Zimmern mit der Nummer 13 ist.
❑	❑	❑	den Schiedsrichter ausbuht.
❑	❑	❑	auf eine Bekanntschaftsanzeige reagieren würde.
❑	❑	❑	beim Einkaufen versucht, den Preis herunterzuhandeln.
❑	❑	❑	auch mal auf den Gehweg spuckt.
❑	❑	❑	eine gute Massage genießen kann.
❑	❑	❑	unter der Dusche singt.
❑	❑	❑	für jede Tanzveranstaltung zu begeistern ist.
❑	❑	❑	die Stereo-Anlage immer voll aufdreht.
❑	❑	❑	im Kino heult.
❑	❑	❑	mitten auf der Straße stehenbleibt, um den Duft einer Blume zu genießen.
❑	❑	❑	sich mühelos mit Tagträumen die Zeit vertreiben kann.
❑	❑	❑	beim ersten Rendezvouz auf's Ganze geht.
❑	❑	❑	sich schnell verliebt.
❑	❑	❑	Gewitter liebt.
❑	❑	❑	gern Liebesromane liest.
❑	❑	❑	Kreuzworträtsel liebt.
❑	❑	❑	in Flugzeugen Panik bekommt.
❑	❑	❑	gern einmal eine Ballonfahrt machen würde.
❑	❑	❑	den schwarzen Gürtel beim Judo erworben hat.

Ich bin ein Mensch, der … (2)

Eine Variation des Einstiegs auf S. 17: Bilden Sie Zweiergruppen. Zunächst beantwortet jeder die Fragen im Blick auf sich selbst (im stillen). Anschließend können Sie ein kleines Spiel daraus machen, indem Sie versuchen, die Antworten Ihres Gegenübers vorherzusehen. Der Austausch darüber bietet vermutlich eine Menge Gelegenheit zur Heiterkeit.

Mein/e Gesprächspartner/in ist eher jemand, der/die …

Ja	Nein	Eventuell	
❑	❑	❑	regelmäßig die Vorabendserien im Fernsehen verfolgt.
❑	❑	❑	abends vor dem Fernseher einschläft.
❑	❑	❑	seinen Freund darauf hinweisen würde, daß er Mundgeruch hat.
❑	❑	❑	Fremde nach dem Weg fragen würde.
❑	❑	❑	mit den Zimmerpflanzen redet.
❑	❑	❑	morgens bis zur allerletzten Minute im Bett bleibt.
❑	❑	❑	am liebsten allein in Urlaub fährt.
❑	❑	❑	ein erklärter Frühaufsteher ist.
❑	❑	❑	grundsätzlich zu spät kommt.
❑	❑	❑	auch wichtige Termine einfach vergißt.
❑	❑	❑	den Wirtschaftsteil der Zeitung studiert.
❑	❑	❑	für schlechte Zeiten spart.
❑	❑	❑	sich bei Autopannen selbst helfen kann.
❑	❑	❑	auch jemanden mit anderer Nationalität heiraten würde.
❑	❑	❑	bei Gruselfilmen den Ton abstellt und die Augen zumacht.
❑	❑	❑	jeden Morgen eine „To-do"-Liste aufstellt.
❑	❑	❑	beim Monopoly schummelt.
❑	❑	❑	Fliegen mit der flachen Hand erlegt.
❑	❑	❑	sich ständig Sorgen um die Kinder macht.
❑	❑	❑	am liebsten Ferien in Balkonien macht.
❑	❑	❑	ohne Kuscheltier nicht schlafen kann.
❑	❑	❑	statt einem Erdbegräbnis eine Urnenbeisetzung wählen würde.
❑	❑	❑	gern mal jemandem einen harmlosen Streich spielt.
❑	❑	❑	auch mit Lockenwicklern im Haar einkaufen geht.
❑	❑	❑	sich beim Essen das Beste bis zum Schluß aufhebt.
❑	❑	❑	sich mit den Nachbarn anlegt, wenn die zu laut sind.
❑	❑	❑	den Urlaub damit verbringt, Grußkarten zu verschicken.
❑	❑	❑	zu einem „blind date" gehen würde.

Alle meine Rollen

Jeder von uns spielt im Leben viele verschiedene Rollen. Kreuzen Sie bitte zuerst alle Rollen an, die Sie augenblicklich einnehmen. Wenn alle fertig sind, werden die Ergebnisse verraten und die anschließenden Fragen reihum beantwortet, soweit jeder das möchte.

- ❑ Vater / Mutter
- ❑ Ehemann / Ehefrau
- ❑ Haustierhalter/in
- ❑ Vorgesetzte/r
- ❑ Mieter/in
- ❑ Steuerzahler/in
- ❑ Clubmitglied
- ❑ Ehrenamtlich Tätige/r
- ❑ Hauskreisteilnehmer/in
- ❑ Arbeiter/in
- ❑ Stiefkind
- ❑ Großvater/Großmutter
- ❑ Bruder / Schwester
- ❑ Freund/in
- ❑ Angestellte/r
- ❑ Hauseigentümer/in
- ❑ Parteimitglied
- ❑ Kirchenmitglied
- ❑ Student/in
- ❑ Autofahrer/in
- ❑ Rentner/in
- ❑ Stiefvater / Stiefmutter
- ❑ Schwiegersohn / Schwiegertochter
- ❑ ______________________________

Welche dieser Rollen ist Ihnen am liebsten?

Welche fordert Sie am meisten heraus?

Welche ist die größte Bereicherung für Ihr Leben?

Welche Rolle frustriert Sie am meisten?

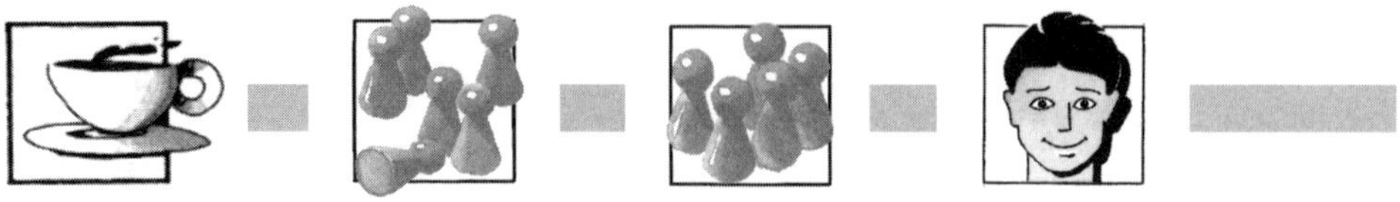

Also, das war vielleicht ein Tag!

Wie ist Ihr Tag heute verlaufen? Oder die letzte Woche bzw. die Zeit vom letzten Gruppentreffen bis heute? Beschreiben Sie Ihre Erfahrungen mit Hilfe der nachfolgenden Bilder. Sie dürfen auch ruhig eigene „dramatische" Bilder erfinden!

- ❑ GRIECHISCHE TRAGÖDIE – einfach klassisch; es blieb kein Auge trocken.
- ❑ GRAND PRIX VON MONACO – wenn ich schon mal den ganzen Tag hinter dem Steuer sitze …
- ❑ SEIFENOPER – ich hätte nie gedacht, daß es so etwas überhaupt gibt, bis es mir selbst passiert ist …
- ❑ MÄRCHEN – jede Menge unwahrscheinlicher Ereignisse – und ich habe meine Lektion gelernt.
- ❑ SPÄTNACHRICHTEN – man hätte es auch über den Rundfunk verbreiten können.
- ❑ ENDRUNDE BEI DER BOXWELTMEISTERSCHAFT – manchmal blieb mir die Luft weg.
- ❑ CLINT EASTWOOD-FILM – sobald ich auf der Bildfläche erschien, hatte jeder nur noch Augen für mich.
- ❑ FEUERWERK – einfach spektakulär mit reichlich Knalleffekten.
- ❑ DES KAISERS NEUE KLEIDER – alles lief gut, bis jemand sagte …
- ❑ ENDLOSSCHLEIFE AM TELEFON – absolut nichts Neues, eben die übliche Routine.
- ❑ LIVE-SENDUNG AUS BIBLISCHEN ZEITEN – Petrus hätte Jesus auch nicht hautnaher erleben können.
- ❑ PFLICHTVORLESUNG ÜBER DIE BEDEUTUNG VON LEBERTRAN FÜR DIE ZAHNHYGIENE DER EINWOHNER ALASKAS IM 18. JAHRHUNDERT – gähn, gähn, gähn!
- ❑ ______________________________
- ❑ ______________________________

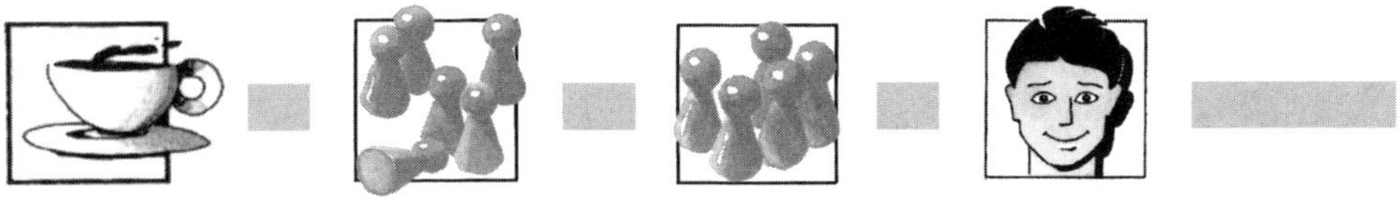

Quiz (1)

Stellen Sie sich vor, Sie wurden alle als Teilnehmer für eine Fernsehshow ausgewählt. Damit haben Sie die Chance, sich selbst vorzustellen und außerdem eine Menge Pluspunkte zu machen, indem Sie versuchen, Ihre Mitspieler einzuschätzen und deren Antworten vorherzusehen. Sie wählen einfach eine der folgenden Kategorien aus und lesen die 1-Punkt-Frage vor. Alle anderen sollen eine Vermutung aussprechen, was Sie wohl antworten werden. Anschließend begründen Sie Ihre Antwort (ganz kurz), und wer richtig lag, erhält die entsprechende Punktzahl. Dann kommt die nächste Frage an die Reihe. Sind alle Fragen gestellt, setzt eine andere Person mit einer anderen Kategorie das Spiel fort. Wer am Ende die meisten Punkte hat, ist Sieger. Der/die Mutigste beginnt mit einer Kategorie seiner/ihrer Wahl.

UNTERHALTUNG

1 Punkt: Ich würde lieber …
- ❑ mit Freunden auf eine Party gehen.
- ❑ zu Hause bleiben und fernsehen.

2 Punkte: Im Fernsehen sehe ich am liebsten …
- ❑ die Sportschau
- ❑ Reportagen
- ❑ Spielfilme
- ❑ Lustige Musikanten
- ❑ Nachrichten
- ❑ das Sonntagskonzert

3 Punkte: Bei Spielfilmen bevorzuge ich …
- ❑ Komödien
- ❑ Horror
- ❑ Science fiction
- ❑ Action
- ❑ Liebesgeschichten
- ❑ Problemfilme

4 Punkte: Am Wochenende freue ich mich am meisten über …
- ❑ einen guten Kinofilm
- ❑ eine Party mit Freunden
- ❑ eine Sportveranstaltung
- ❑ eine Fahrt ins Blaue
- ❑ ein Konzert
- ❑ Zeit zum Spazierengehen
- ❑ die Ruhe zu Hause
- ❑ ein gutes Buch
- ❑ die Zeit, mit meinen Kindern zu spielen

ESSEN

1 Punkt: Im Restaurant…
- ❑ probiere ich gern etwas Neues und Unbekanntes.
- ❑ bleibe ich am liebsten bei dem, was ich kenne.

2 Punkte: Mein Hauptgetränk ist ...

- ❑ Mineralwasser
- ❑ Kaffee/Tee
- ❑ Milch
- ❑ Fruchtsaft
- ❑ Bier

3 Punkte: Am liebsten esse ich ...

- ❑ italienisch
- ❑ gut bürgerlich deutsch
- ❑ griechisch
- ❑ chinesisch

4 Punkte: Der Spaß hört auf bei ...

- ❑ Kaviar
- ❑ rohem Fisch
- ❑ Ameisen in Schokoladensauce
- ❑ gefülltem Schweinebauch
- ❑ Pferde- oder Hundefleisch

GEWOHNHEITEN

1 Punkt: Ich benutze lieber die ...

- ❑ Dusche
- ❑ Badewanne

2 Punkte: Ich schlafe meistens ...

- ❑ auf der Seite
- ❑ auf dem Bauch
- ❑ auf dem Rücken
- ❑ im Büro

3 Punkte: Morgens genieße ich es ...

- ❑ erst noch mal eine halbe Stunde zu dösen.
- ❑ ausgiebig zu duschen/baden.
- ❑ in Ruhe eine Tasse Kaffe zu trinken.
- ❑ in der Zeitung zu blättern.
- ❑ erst mal alle aus der Wohnung zu haben.

4 Punkte: Wenn ich mich abends ausziehe ...

- ❑ hänge ich meine Kleider auf einen Bügel in den Schrank.
- ❑ lege ich sie ordentlich über einen Stuhl.
- ❑ schmeiße ich die Klamotten in den Wäschekorb.
- ❑ lasse ich alles da auf dem Boden liegen, wo ich es ausgezogen habe.

SPORT

1 Punkt: Der beste Sport ist der ...

- ❑ den ich selbst betreibe.
- ❑ den ich von der Tribüne oder vor dem Fernseher mitverfolgen kann.

2 Punkte: Im Fernsehen sehe ich am liebsten …

- ❑ Fußball.
- ❑ ein Tennismatch.
- ❑ Autorennen.
- ❑ Leichtathletikwettkämpfe.
- ❑ ein Radrennen.

3 Punkte: Live dabei wäre ich am liebsten mal …

- ❑ bei den Olympischen Spielen.
- ❑ beim Fußball-WM-Endspiel.
- ❑ in Wimbledon.
- ❑ bei den U.S. Open im Golf.
- ❑ in Le Mans oder Monte Carlo.

4 Punkte: Keinesfalls ansehen würde ich mir …

- ❑ einen Boxkampf.
- ❑ eine Fuchsjagd.
- ❑ Eiskunstlaufen.
- ❑ einen Stierkampf.
- ❑ Sumo-Ringer.

IDEALE

1 Punkte: Wenn ich eine Million hätte, würde ich …

- ❑ sie am liebsten in kürzester Zeit ausgeben.
- ❑ aufhören zu arbeiten und auswandern.

2 Punkte: Am wichtigsten ist mir im Leben …

- ❑ Ruhe
- ❑ Sicherheit
- ❑ Überraschung
- ❑ Abwechslung

3 Punkte: Mein Lebensmotto ist am ehesten:

- ❑ Tue recht und scheue niemanden!
- ❑ Bitte anhalten – mir wird schlecht!
- ❑ Nur keinen Streit vermeiden!
- ❑ Carpe diem (nutze den Tag).
- ❑ Genieße das Leben!
- ❑ Vorsicht ist die Mutter der Porzellankiste.
- ❑ Man soll den Tag nicht vor dem Abend loben.
- ❑ Ohne Fleiß kein Preis.
- ❑ Ein Problem? Wo?

4 Punkte: Von den folgenden Personen beeindruckt mich am meisten …

- ❑ Mutter Teresa
- ❑ Arnold Schwarzenegger
- ❑ Julio Carreras
- ❑ Helen Keller
- ❑ Michael Gorbatschow
- ❑ Johann Sebastian Bach
- ❑ Albert Einstein
- ❑ Christoph Kolumbus

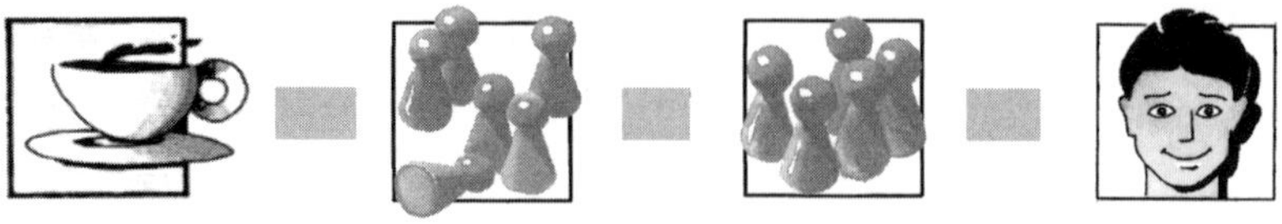

Quiz (2)

Die Spielregeln sind die gleichen wie bei Quiz 1 (S. 21). Sie können auch – wenn Ihre Gruppe sehr groß ist – die verschiedenen Quiz-Angebote kombinieren. So kommt mehr Abwechslung in Ihre Vorstellungsrunde. Oder aber Sie wählen in längeren Abständen immer wieder einmal eine Quizrunde mit neuen Antwortmöglichkeiten.

HERZ – SCHMERZ

1 Punkt: Als Rendezvous-Partner/in bevorzuge ich ...
- ❑ den/die große/n Unbekannte/n.
- ❑ die Frau/den Mann, auf die/den ich von selbst gar nicht gekommen wäre.
- ❑ meine „zweite Wahl".

2 Punkte: Zu einem Rendevouz gehört unbedingt ...
- ❑ daß es einigermaßen vorhersehbar verläuft.
- ❑ das gewisse Kribbeln im Bauch.
- ❑ ein Überraschungseffekt.

3 Punkte: Bei meinem/r Ehepartner/in ist mir am wichtigsten ...
- ❑ finanzielle Sicherheit.
- ❑ Großzügigkeit.
- ❑ Intelligenz.
- ❑ Humor.

4 Punkte: Für die Flitterwochen kommt nur in Frage ...
- ❑ Strandurlaub in Hawaii.
- ❑ Venedig.
- ❑ Bergwanderung von Hütte zu Hütte.
- ❑ Zelten in Südfrankreich.
- ❑ das Waldorf Astoria in New York.

AUTOS

1 Punkt: Mein Auto gehört zu der Sorte ...
- ❑ Immer-auf-Hochglanz-poliert.
- ❑ Außen staubig, innen klebrig.

2 Punkte: Wenn ich etwas an meinem Auto in Schuß halte, dann ist es ...
- ❑ der Innenraum.
- ❑ der Motor.
- ❑ der Lack.

3 Punkte: Mein Traumauto wäre ein ...
- ❑ sechstüriger Mercedes.
- ❑ 3-l Golf Diesel.
- ❑ pinkfarbener Alpha Romeo.
- ❑ aufblasbarer Fiat 500.

4 Punkte: Wenn ich mir einen „Klassiker" leisten könnte, hätte ich am liebsten einen ...

- ❑ alten Käfer.
- ❑ Rolls Royce aus der Vorkriegszeit.
- ❑ Ford Model T.
- ❑ Silberpfeil.

GESCHMACKSSACHEN

1 Punkt: Mein Musikgeschmack liegt eher bei ...

- ❑ Bach.
- ❑ den Beatles.

2 Punkte: Meine Traumwohnungsausstattung besteht aus ...

- ❑ Glas und Stahl.
- ❑ skandinavischen Massivholzmöbeln.
- ❑ Biedermeier.
- ❑ deutsche Eiche rustikal.

3 Punkte: Meine Lieblingslektüre ist/sind ...

- ❑ Science Fiction Stories.
- ❑ Kriminalgeschichten.
- ❑ der Sportteil der Bild-Zeitung.
- ❑ Liebesromane.

4 Punkte: Wenn ich DM 3000 über hätte, würde ich sie investieren in ...

- ❑ ein Originalgemälde.
- ❑ zwei handsignierte, numerierte Drucke.
- ❑ drei Reproduktionen und einen Schaukelstuhl.
- ❑ vier Poster, einen Schaukelstuhl und einen neuen Fernseher.

OUTFIT

1 Punkt: Meine Kleidung kaufe ich ...

- ❑ im ersten Haus am Ort.
- ❑ bei C&A.

2 Punkte: Ich fühle mich am wohlsten ...

- ❑ in Abendgarderobe.
- ❑ in Jogginganzug und Turnschuhen.
- ❑ im Schlafanzug.
- ❑ in normaler Berufskleidung.

3 Punkte: Beim Kleiderkauf achte ich zuerst auf ...

- ❑ den Preis.
- ❑ die Qualität.
- ❑ die Marke.
- ❑ das Design.

4 Punkte: Wenn ich einkaufe ...

- ❑ suche ich die halbe Stadt nach einem Schnäppchen ab.
- ❑ gehe ich nur in ein Geschäft, probiere aber fast alles an.
- ❑ nehme ich, was zuerst paßt.
- ❑ probiere ich meist nicht einmal an.

UNTERHALTUNG

1 Punkt: Ich würde eher einen Abend verbringen, indem ich ...
- ❑ einen unbekannten Kinofilm ansehe.
- ❑ mir zu Hause ein Video ansehe, bei dem ich schon fast jede Szene auswendig kenne.

2 Punkte: Im Fernsehen sehe ich am liebsten ...
- ❑ alles, was das Vorabendprogramm in Richtung Endlos-Serie zu bieten hat.
- ❑ die Tagesschau.
- ❑ die Sportschau.

3 Punkte: Wenn ein Film echt gruselig wird ...
- ❑ fange ich an, ihn so richtig zu genießen.
- ❑ schließe ich vorsichtshalber die Augen und drehe den Ton ab.
- ❑ gehe ich mal eben kurz ins Bad.
- ❑ klammere ich mich an meine/n Nachbarn/Nachbarin.

4 Punkte: Die Spielfilme meiner Wahl sind ...
- ❑ Komödien.
- ❑ Liebesromanzen.
- ❑ Problemfilme.
- ❑ Horrorgeschichten.
- ❑ Actionfilme.

REISEN

1 Punkt: Ich mache eher ...
- ❑ Abenteuerurlaub.
- ❑ Studienfahrten.

2 Punkte: Im Urlaub will ich vor allem ...
- ❑ möglichst viel Neues sehen.
- ❑ Ausspannen und die Seele baumeln lassen.
- ❑ jeden Abend eine Party.

3 Punkte: Wenn es ans Packen geht ...
- ❑ reicht mir die Zahnbürste und frische Unterwäsche.
- ❑ brauche ich nur eine kleine Tasche und ein gutes Buch.
- ❑ nehme ich den kleinen Koffer und eine Tasche.
- ❑ nähme ich am liebsten noch die Waschmaschine mit.

4 Punkte: Wenn ich DM 1000 auf den Kopf hauen müßte, würde ich ...
- ❑ mal eine Nacht in einem absoluten Luxushotel verbringen.
- ❑ ein Wochenende in einem tollen Hotel verbringen.
- ❑ eine Woche Vollpension in einem guten Hotel buchen.
- ❑ mich für einen Monat auf dem Campingplatz einmieten.

Quiz (3)

Die Spielregeln sind die gleichen wie bei Quiz 1 (S. 21). Sie können auch – wenn Ihre Gruppe sehr groß ist – die verschiedenen Quiz-Angebote kombinieren. So kommt mehr Abwechslung in Ihre Vorstellungsrunde. Oder aber Sie wählen in längeren Abständen immer wieder einmal eine Quizrunde mit neuen Antwortmöglichkeiten.

GESUNDHEIT

1 Punkt: Ich bin eher
- ❑ ein Gesundheitsapostel.
- ❑ süchtig nach Fast Food.

2 Punkte: Wenn ich mich für einen Sport entscheiden kann, wähle ich:
- ❑ Laufen
- ❑ Schwimmen
- ❑ Gymnastik

3 Punkte: Ich treibe Sport in erster Linie, um …
- ❑ mein supermodisches Sport-Outfit zu präsentieren.
- ❑ meine Kondition zu verbessern.
- ❑ neue Leute kennenzulernen.
- ❑ untrainierte Anfänger in Verlegenheit zu bringen.

4 Punkte: Was ich nie essen würde – und wenn es noch so gesund wäre:
- ❑ Bambussprossen
- ❑ rohe Leber
- ❑ Weizenkeime
- ❑ Haferschleim
- ❑ Lebertran

SCHLAFGEWOHNHEITEN

1 Punkt: Ich träume …
- ❑ farbig.
- ❑ schwarzweiß.

2 Punkte: Ich …
- ❑ schnarche.
- ❑ schnarche nicht.
- ❑ weiß nicht, ob ich schnarche.

3 Punkte: Ich bevorzuge …
- ❑ ein kleines Kissen.
- ❑ ein großes Kissen
- ❑ gar kein Kissen.
- ❑ ein ganzes Kissensortiment.

4 Punkte: Wenn ich nicht einschlafen kann ...

- ❑ zähle ich Schäfchen.
- ❑ lese ich ein langweiliges Buch.
- ❑ schalte ich den Fernseher ein.
- ❑ löse ich noch ein Kreuzworträtsel.
- ❑ warte ich eben, bis es schließlich aus Erschöpfung doch klappt.
- ❑ stehe ich auf und suche mir etwas zu tun.

GESELLIGKEIT

1 Punkt: Wenn ich eine Einladung bekomme ...

- ❑ melde ich mich in der Regel vorher noch einmal kurz.
- ❑ melde ich mich nur, wenn ich nicht kommen kann.

2 Punkte: Am liebsten mag ich ...

- ❑ ungezwungene Partys.
- ❑ hochoffizielle Anlässe.
- ❑ Familienfeiern.

3 Punkte: Ich bin am liebsten in Gesellschaft von ...

- ❑ einem oder zwei engen Freunden/Freundinnen.
- ❑ mehreren Freunden/Freundinnen.
- ❑ einer möglichst großen Runde von Freunden und Bekannten.
- ❑ völlig Fremden.

4 Punkte: Bei Parties bin ich jemand, der/die ...

- ❑ sich so richtig unter die Leute mischt.
- ❑ ausgiebig das Büfett genießt.
- ❑ anschließend noch von Kneipe zu Kneipe zieht.
- ❑ es genießt, neue Leute kennenzulernen.
- ❑ über das Wetter redet.

GELD

1 Punkt: Ich bin eher ...

- ❑ sparsam.
- ❑ verschwenderisch.

2 Punkte: Ich habe im Portemonaie lieber …
- ❑ eine größere Menge kleiner Scheine.
- ❑ einige wenige große Scheine.
- ❑ überhaupt kein Bargeld.

3 Punkte: Das Wechselgeld …
- ❑ zähle ich immer gewissenhaft nach.
- ❑ zähle ich praktisch nie nach.
- ❑ stecke ich meist lose in die Hosentasche.

4 Punkte: Wenn ich eine Million gewinnen würde …
- ❑ würde ich das geheimhalten.
- ❑ würde ich wegziehen.
- ❑ würde ich es sofort jedem erzählen
- ❑ würde ich ein Haus kaufen.
- ❑ würde ich meinen Lebensstil nicht ändern.

GEBURTSTAGE

1 Punkt: An meinem Geburtstag habe ich am liebsten …
- ❑ viele Geschenke.
- ❑ gar keine Geschenke.

2 Punkte: Ich liebe …
- ❑ perfekt geplante Geburtstagsfeiern.
- ❑ spontane Überraschungsfeiern, mit denen ich keinerlei Arbeit habe.
- ❑ Ich hasse Geburtstagsfeiern; am liebsten habe ich es, wenn nichts Besonderes stattfindet.

3 Punkte: Mein Lieblings-Geburtstagskuchen ist …
- ❑ Schwarzwälder Kirschtorte.
- ❑ Vollwert-Karotten-Kuchen.
- ❑ Buttercremetorte mit Kerzen.
- ❑ Obstkuchen mit frischen Früchten.

4 Punkte: Wenn ich mir bei meiner Geburtstagsfeier ein Spiel wünschen könnte, wäre das …
- ❑ Blinde Kuh.
- ❑ Monopoli.
- ❑ Sackhüpfen.
- ❑ Flaschendrehen.
- ❑ Tabu.

Weiche Knie

Nicht jedem fällt es leicht, sich in einer Gruppe mit unbekannten Menschen sofort zu Hause zu fühlen. Vielleicht möchten Sie nach ein oder zwei Treffen einmal darüber sprechen, wie jede/r in der Gruppe sich fühlt. Beantworten Sie die Fragen unten zunächst jede/r für sich. Anschließend teilen sie einige Ihrer Antworten den anderen mit.
Dieser „Eisbrecher" eignet sich z.B. für Gruppen, die sich neu zusammenfinden und festlegen wollen, welche „Spielregeln" für die Gruppe gelten sollen.

Wenn ich einen Raum voller mir unbekannter Menschen betrete, fühle ich mich meistens …

In Situationen, in denen ich mich unsicher und unbehaglich fühle, verhalte ich mich meist …

Ich bin heute hier, weil …

Ich würde mich wohler fühlen, wenn der Leiter/die Leiterin …

Im Blick auf diese Gruppe beschäftigt mich am meisten …

Regeln geben mir das Gefühl …

Ich kann mich am besten in einer Gruppe einbringen, wenn …

Im Moment geht es mir …

In die fremde Haut schlüpfen

Bilden Sie Zweiergruppen. Die Partner setzen sich Rücken an Rücken gegenüber und beantworten sich gegenseitig folgende Fragen:

Haben Sie einen zweiten Vornamen? Wenn ja, warum haben Sie ihn bekommen?

Wo haben Sie gewohnt, als sie zehn Jahre alt waren? Was haben Sie im Sommer am liebsten gemacht?

Was war das Beste, was Sie je getan haben?

Was von allem, was sie besitzen, bedeutet Ihnen am meisten? Worauf würden Sie zuletzt verzichten?

Nachdem Sie auf diese Weise etwas voneinander erfahren haben, stellen Sie sich nun gegenseitig der Gruppe vor – und zwar anhand der folgenden Fragen, für die Sie selbst eine Antwort finden müssen, die Ihr/e Gesprächspartner/in (vermutlich) geben würde.

Einen freien Tag verbringt ________ am liebsten, indem er/sie …

Wenn ___________s Haus brennen würde, würde sie/er als erstes ……. retten.

Im Zirkus genießt ___________ vor allem …

Wenn _________ sich den Wohnort ihrer/seiner Wahl irgendwo auf der Welt aussuchen könnte, dann wäre es …

Die anderen aus der Gruppe dürfen ebenfalls Vermutungen äußern. Zuletzt stellt die Person, um die es geht, klar, wie nah oder fern die Vermutungen der anderen der Wirklichkeit kommen.

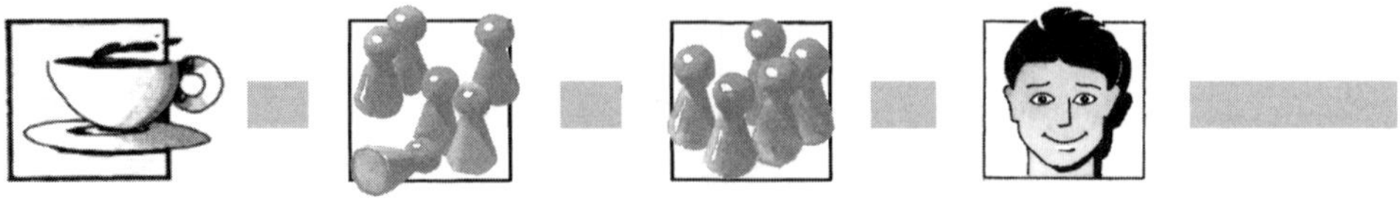

Stimmungsbarometer

Überlegen Sie, wo Ihr persönliches Stimmungsbarometer in den verschiedenen Lebensbereichen zur Zeit steht. Anschließend teilen Sie einander mit, wie Ihre Stimmungslage gerade aussieht.

Unsere Familienstimmung in dieser Woche:

Sturmtief im Anmarsch ______________________ stabiles Hoch, durchweg freundlich.

Beruflich:

Es muß doch endlich Feierabend werden. ______________________ Alles läuft wie am Schnürchen.

Was mich selbst betrifft, habe ich das Gefühl:

Keiner liebt mich. ______________________ Ich bin ein Glücksfall für die Welt – und die Welt hat's gemerkt.

Mein „Glaubensbarometer" steht auf:

Kopfschmerzen – und überhaupt wo steckt eigentlich Gott? ______________________ Stabiles Hoch für eine Gipfeltour.

Was meine Zukunft angeht

gibt es Licht am Ende des Tunnels (ich hoffe, es ist kein Zug). ______________________ erwarte ich nur das Beste.

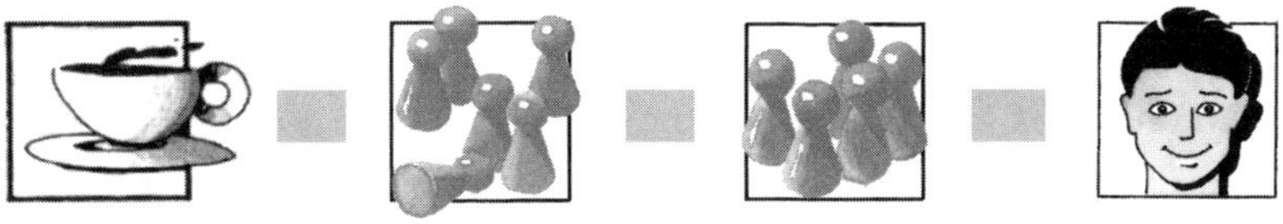

Unterm Strich

Dieser „Eisbrecher“ kann zu ganz verschiedenen Zwecken eingesetzt werden. Er macht Spaß. Er hilft dabei, Untergruppen zu bilden (z.B. gerade – ungerade Ergebnisse) Man kann damit „Freiwillige“ für eine bestimmte Aufgabe ermitteln (z.B. wer für das nächste Treffen Getränke mitbringt – oder wer zuerst etwas aus seinem Leben erzählt o.ä.): Wer die höchste (oder niedrigste) Punktzahl erreicht, ist der Auserwählte ...

Schreiben Sie jeweils die entsprechende Zahl in die Kästchen. Anschließend rechnen Sie die Gesamtpunktzahl aus. Wenn alle fertig sind, geben Sie die Ergebnisse bekannt und erzählen Sie sich gegenseitig, wie jeder zu seinem Ergebnis kam.

☐ + ☐ +

Anzahl der Unfälle, an denen Sie beteiligt waren — Anzahl der Aufkleber auf Ihrem Auto

☐ - ☐ +

Anzahl der Haustiere — Anzahl der Hochzeiten, die Sie mitgefeiert haben

☐ + ☐ -

Anzahl der Strafpredigten, die Sie von Ihrem Schuldirektor erhielten — Anzahl der Fotoalben, die Sie besitzen

☐ + ☐ -

Anzahl von Tierstimmen, die Sie nachmachen können — Anzahl Ihrer Geschwister

☐ + ☐ -

Anzahl von Ehrenämtern, die Sie wahrnehmen — Monat, in dem Sie Geburtstag haben

☐ = ____________________

Anzahl der Bälle, mit denen Sie jonglieren können

Bingo!

Einige Freiwillige aus der Gruppe erhalten eine Bingo-Karte. Dann laufen sie in der großen Gruppe umher und fragen die anderen nach den Dingen, die auf der Karte stehen. Antwortet der Gefragte mit „Ja", so darf man seinen Namen in das entsprechende Feld eintragen. Der erste, der eine Reihe (waagerecht, senkrecht oder diagonal) voll hat, hat gewonnen. Man darf den Namen einer Person jedoch nur zweimal eintragen und seinen eigenen Namen nicht auf die Karte schreiben. (P.S. Anschließend sollten Sie „Stichproben" machen, um festzustellen, wie wahrheitsgetreu die Gefragten geantwortet haben. Kann XY z.B. wirklich mit den Ohren wackeln? Oder PZ Gedichte schreiben? 50 Liegestützen ausführen? Usw.)

kann 10 Kilometer joggen	schläft im Gottesdienst ein	hat ein Meerschwein zu Hause	liebt Auslandsreisen	ist ein Einzelkind	schreibt Gedichte	spielt gerne Skat
kann Handstand	weiß, wie man Babys wickelt	Kann mit der Zunge die Nasenspitze berühren	liebt klassische Musik	liebt vor allem Fast-Food	hat sich die Haare gefärbt	ist ein bekennender Morgenmuffel
kann mit den Ohren wackeln	hat noch nie gezeltet	steht auf Markenklamotten	fährt Motorrad / Moped	ist ein Tina-Turner-Fan	hat eine lange Narbe	kann alle Bücher der Bibel aufzählen
hat sich noch nie geprügelt	singt unter der Dusche	kann Kühe melken	 Joker	hat schon mal ein Pferd geritten	geht meist erst um Mitternacht ins Bett	hat schon mal einen Preis gewonnen
ißt gern Rollmöpse	spielt Gitarre	ist in Bayern geboren	ist letztes Jahr umgezogen	hatte schon mal ein Bein gebrochen	hat schon mal Zigarre geraucht	trägt nur Baumwollsachen
kann einen Satz von Schiller zitieren	spielt Fußball im Verein	war schon mal auf Mallorca	schläft nur mit Kuscheltier ein	spielt im Posaunenchor	benutzt eine elektrische Zahnbürste	mag keinen Fisch
spielt regelmäßig Schach	schaut gerne: Die Sendung mit der Maus	schafft 50 Liegestütze	hat ein Loch im Strumpf	liebt Fernsehserien	wiegt weniger als 50 kg	kann den Titelsong von Sesamstraße singen.

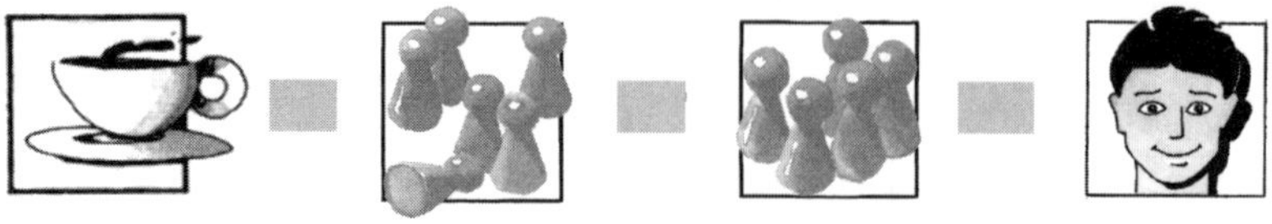

Hirntraining

Herzlichen Glückwunsch! Sie haben einen Gutschein für die Teilnahme an einem Volkshochschulkurs gewonnen. Zur Auswahl stehen die unten genannten Kurse. Was wählen Sie? Was würden Sie auf keinen Fall belegen? Warum (nicht)? Bevor Sie Ihre Wahl den anderen mitteilen, hören Sie erst einmal deren Vermutungen für Ihre Wahl.

Archäologie für Fortgeschrittene: „Knochenfunde am Ende der Welt. Untersuchungen zu fossilen Schädelformationen der Aborigines in Australien." Leitung: Dr. B. Arnard. Voraussetzungen: Archäologie für Einsteiger: Datenermittlung für Dr. Arnards neuestes Buch. Schaufeln werden bereitgestellt.

Vogelbeobachtung: „Unsere Freunde, die Vögel." In diesem Einführungskurs werden Sie lernen, wie ein Vogel aussieht, wieviele Flügel er hat und wie man eine Feder identifiziert. Ferngläser sind mitzubringen. Voraussetzungen: Keine. Prüfungen: Keine. Abschlußbericht: Keiner. Leitung: Keine.

Politik in der Praxis: „Management für Bürokraten." Eine Einführung in den bürokratischen Sprachgebrauch, Formular-Erstellung und praktische Übungen im Bilden von Warteschlangen. Besondere Schwerpunkte: „Wie man einen Führerschein ausgestellt bekommt" und „Niemand überlebt im Behördendschungel, der nicht die Kunst beherrscht, vor dem Rathaus einen Parkplatz zu finden." Leitung: Anna R. Chy. Voraussetzungen: Fristgemäße Einschreibung oder Entsprechendes.

Grundkurs Kalkulation: „Die Mathematik des Chaos." Der Kurs findet in verschiedenen Räumen zu unterschiedlichen Zeiten und mit wechselnder Leitung statt. Voraussetzungen: Literatur (Anfängerkurs), Keramik und Feldenkrais-Stretching.

Kreative Schreibwerkstatt II: „Limericks."
Ein Privatdichterling aus Ivóren
glaubt, er sei von der Muse erkoren.
Er nahm an: I'm the best!
Doch er fiel durch den Test.
Nun sagt jeder: Seht da, diesen Toren.
Voraussetzungen: Kreative Schreibwerkstatt I: Beschriftung von Lebensmittelvorräten.

Soziologie: „Vor deutschen Fernsehschirmen." Eine faszinierende soziologische Studie zum Fernsehverhalten. Besondere Schwerpunkte: Wie werde ich der ideale Channel-Hopper?, Zusammenhänge zwischen Programm-Vorlieben und Lieblings-Snacks und: Wie behalte ich mehr Werbeslogans in kürzerer Zeit? Ein Exkurs mit praktischer Übung beschäftigt sich mit der Rezitation klassischer Passagen von Wiederholungsserien.

Angewandte Verhaltensforschung: „Entdecke, was in dir steckt". Der Kurs führt ein in den aktuellen Stand des Psycho-Slangs und vermittelt Grundkenntnisse in der Kunst der Nabelschau. Die Teilnehmer werden erkennen, wie schlecht es ihnen geht, und erfahren, welche Therapieform für sie geeignet (und dringend erforderlich) ist.

Freizeitgestaltung: „Kino Snacks." Eine wissenschaftliche Studie zur Bedeutung von Popcorn, Gummibärchen und Eiscremewerbung für die Entwicklung der Kinokultur. Voraussetzungen: Grundkurs „Wie finde ich den richtigen Platz im Kino?"

„Jetzt helfe ich mir selbst" II: „Elektronik im Automobil." Nur für ernsthaft interessierte und arbeitswillige Teilnehmer. Im ersten Teil des Semesters beschäftigen wir uns mit der Einstellung der Festsender unseres Autoradios. Im zweiten Teil geht es um die fachgerechte Nutzung und Bedienung der Intervallschaltung des Scheibenwischers. Voraussetzungen: Jetzt helfe ich mir selbst I: „Wie programmiere ich einen Videorecorder?"

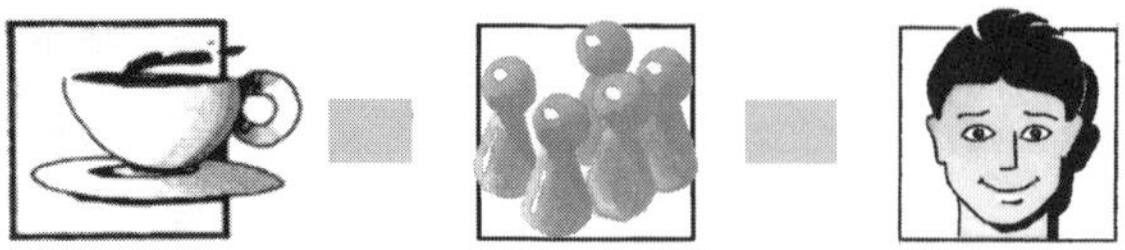

Beziehungen, Beziehungen

Was für ein „Beziehungstyp“ sind Sie? Stellen Sie sich einige Menschen aus Ihrem Bekanntenkreis vor, mit denen Sie in der letzten Woche etwas mehr zu tun hatten: Familienmitglieder, Arbeitskollegen, Freunde, Menschen, die Sie beim Einkaufen, im Sportverein oder wo auch immer getroffen haben. Welche der unten genannten Figuren beschreibt am besten, wie Sie sich in Beziehungen gegenüber anderen verhalten?
Wenn Sie eine passende Figur gefunden haben, die Sie beschreibt, stellen Sie sich der Gruppe vor. Stimmt Ihr Bild wohl mit dem überein, was die Menschen, an die Sie gedacht haben, von Ihnen sagen würden? Wenn Sie mögen und genügend Zeit zur Verfügung steht, können Sie auch die anderen Gruppenteilnehmer um ein Echo auf Ihre Selbsteinschätzung bitten.

St. Nikolaus: Ich gebe und gebe und gebe …

Kuschelteddy: Es scheint, als ob ich die Leute, die mit mir zu tun haben, irgendwie tröste.

Aladins Flaschengeist: Ich bin nur dazu da, die Wünsche anderer zu erfüllen.

Wolf im Schafspelz: Ich weiß, daß ich nicht sehr aufrichtig war.

Mickey Maus: Ich höre so vielen Leuten zu – ich bestehe fast nur noch aus Ohren!

Grizzlybär: Vorsicht! Wenn man mich reizt, werd ich zum Raubtier.

Das Nörgeli: Ich scheine allen die gute Laune zu verderben.

Alberich, der Hüter des Nibelungenschatzes: Hände weg von meinen Juwelen!

Fußabtreter: Bin ich nur dazu da, daß andere auf mir herumtrampeln?

Mr. Sonnenschein: Ich strahle doch für alle!

Salomo: Mir macht so schnell niemand was vor – und ich sage anderen ehrlich, was ich von ihnen denke.

König Drosselbart: Meinen wahren Wert erkennt man erst auf den zweiten Blick.

Die alte Weise: Bei mir sind die Sorgen und Probleme von anderen gut aufgehoben – ich bin verschwiegen.

❑ ______________________________

❑ ______________________________

Sie können gern noch andere Beziehungstypen hinzu erfinden.

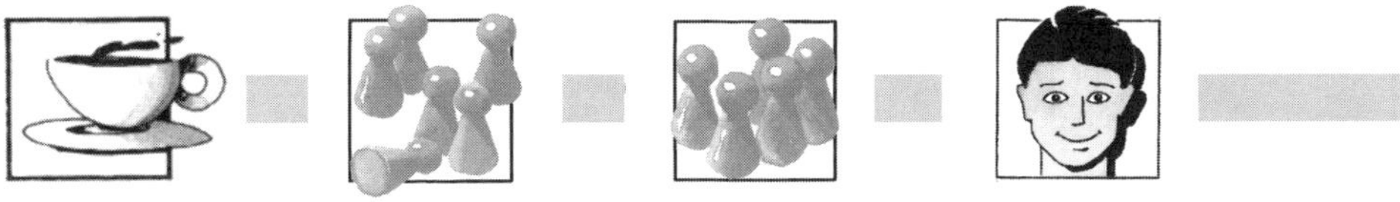

Was machst du denn für ein Gesicht?

Wie geht es Ihnen heute? Mit welcher Stimmung sind Sie heute zum Gruppentreffen gekommen? Wenn Sie die persönliche Stimmungslage zu Beginn eines Treffens ansprechen, ist es für die einzelnen Teilnehmer leichter, belastende Erfahrungen des Tages hinter sich zu lassen oder Freude mitzuteilen und sich dann auf das gemeinsame Vorhaben in der Gruppe zu konzentrieren.

glücklich

ängstlich-gespannt

frustriert

freudig aufgeregt

fasziniert

verliebt

fröhlich

unentschieden

friedlich

traurig

sauer

großartig

genervt

einsam

unsicher

miserabel

nachdenklich

vorsichtig

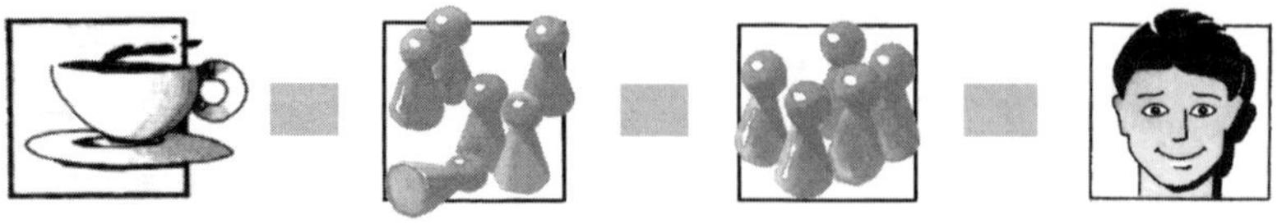

Und noch ein Quiz ...

Wählen Sie unter den verschiedenen Themen im folgenden Quiz das aus, das Sie am meisten anspricht, und markieren Sie Ihre Antworten zu den Fragen. Anschließend versucht die Gruppe, die Antworten der anderen zu erraten. Für jede richtig erratene Antwort gibt es die entsprechende Punktezahl für den Rater. Wer am Ende der Runde die meisten Punkte gesammelt hat, erhält den Titel „Seelenkenner des Jahres".

HAUSTIERE

1 Punkt: Für mich ist das niedlichste Haustier ...

❑ ein Hundewelpe.
❑ ein Kätzchen.

2 Punkte: Wenn ich mir einen Hund anschaffen wollte, wäre das ...

❑ ein kleiner, lebhafter Hund.
❑ ein großer, verspielter Hund.
❑ ein reinrassiger Hund.

3 Punkte: Was mich an Haustieren wirklich stört:

❑ die „Aufräumarbeiten", bevor sie stubenrein sind
❑ wenn sie Lärm machen
❑ daß überall Haare oder Federn herumfliegen
❑ wenn sie Möbel und Tapeten zerkratzen

4 Punkte: Mein Lieblingshaustier wäre

❑ eine Schlange
❑ eine Echse
❑ ein Affe
❑ ein Hängebauchschwein
❑ ein Papagei
❑ Wüstenspringmäuse

ON THE ROAD

1 Punkt: Auf mich paßt am ehesten die Bezeichnung ...

❑ Sonntagsfahrer(in) mit Hut
❑ Road Rowdy

2 Punkte: Was mir wahrscheinlich passieren könnte:

❑ Geschwindigkeitsbegrenzung überschreiten
❑ am Stoppschild nicht anhalten
❑ bei dunkelgelb über die Ampel fahren

3 Punkte: Meinen letzten Strafzettel wegen Falschparken bekam ich ...

❑ diesen Monat.
❑ im letzten halben Jahr.
❑ noch nie.
❑ Das ist schon Jahre her.

4 Punkte: Am liebsten ärgere ich mich beim Autofahren über ...
- ❑ Leute, die abbiegen, ohne zu blinken.
- ❑ Stau im Feierabendverkehr.
- ❑ Raser in Wohngebieten.
- ❑ Trödler auf der Überholspur.
- ❑ Handy-Quassler, die sich nicht auf den Verkehr konzentrieren.
- ❑ Wichtigtuerische „Erzieher", die nach jedem Überholen auf der Autobahn bewußt scharf vor einem rechts rüberziehen.

EINKAUFSBUMMEL

1 Punkt: Wenn ich Zeit habe, kriege ich eher ...
- ❑ einen Kaufrausch.
- ❑ Lust am Herumstöbern, ohne etwas zu kaufen.

2 Punkte: Ich kaufe meine Kleider eher in ...
- ❑ Trendboutiquen
- ❑ Modekaufhäusern
- ❑ Supermärkten

3 Punkte: Wenn ich wählen müßte, würde ich eher ... kaufen:
- ❑ einen teuren Luxusartikel
- ❑ zwei Qualitätsartikel
- ❑ einige preiswerte Dinge
- ❑ tütenweise Wühltischware

4 Punkte: Schwer vorbeigehen kann ich an:
- ❑ Schuhgeschäften
- ❑ Buchhandlungen
- ❑ Musikläden
- ❑ Möbelgeschäften
- ❑ Klamottenläden
- ❑ Kramläden mit schönen, aber nutzlosen Dingen

SPORT

1 Punkt: Ich würde lieber ...
- ❑ ein Bundesligaspiel anschauen.
- ❑ in der Regionalliga selbst spielen.

2 Punkte: Auf der Zuschauertribüne würde ich eher ...
- ❑ den Schiedsrichter auspfeifen.
- ❑ mein Gesicht bemalen und wilde Tänze aufführen.
- ❑ die Welle machen.

3 Punkte: Zu einem guten Sportereignis auf der Zuschauertribüne gehören unbedingt ...
- ❑ Popcorn.
- ❑ Kartoffelchips.
- ❑ Schokoriegel.
- ❑ Hot dogs.
- ❑ Cola.
- ❑ Eiscreme.

4 Punkte: Auf keinen Fall betreiben würde ich:

- ❑ Bungee-Springen
- ❑ Snowboarden
- ❑ Boxen
- ❑ Tiefseetauchen
- ❑ Sumo-Ringen
- ❑ Jazzgymnastik

LESEFUTTER

1 Punkt: Ich lese eher ...

- ❑ einen spannenden Roman, den man kaum aus der Hand legen kann.
- ❑ ein Sachbuch voller interessanter Fakten.

2 Punkte: Wenn schon Sachbücher, dann lese ich ...

- ❑ Reiseführer
- ❑ Biographien
- ❑ Geschichtsbücher

3 Punkte: Wenn ich ein Buch aus der Hand lege, das ich noch nicht durchgelesen habe ...

- ❑ knicke ich die Ecken um, um mir zu merken, wo ich war.
- ❑ lege ich es offen auf den Nachttisch.
- ❑ nehme ich irgendeinen alten Zettel als Lesezeichen.
- ❑ schreibe ich die Seitenzahl in meinen Kalender.

4 Punkte: Zur Unterhaltung lese ich am liebsten ...

- ❑ romantische Krimis
- ❑ Thriller
- ❑ Science Fiction
- ❑ Liebesromane
- ❑ Abenteuer- und Actionstories
- ❑ Egal, Hauptsache es sind Bilder drin.

URLAUB UND FREIZEIT

1 Punkt: Ich fahre lieber ...

- ❑ in die Berge.
- ❑ an die See.

2 Punkte: Als Urlaubsdomizil ist mir am liebsten ...

- ❑ ein Zelt.
- ❑ ein Wohnwagen.
- ❑ ein Ferienhaus.

3 Punkte: Das Schönste am Campingurlaub ist für mich ...

- ❑ morgens vor dem Frühstück schwimmen zu gehen.
- ❑ viel zu fotografieren.
- ❑ einfach faulenzen.
- ❑ Wieso: „Das Schönste am Campingurlaub?" Ich hasse Camping.

4 Punkte: Wenn ich Campingurlaub mache, esse ich vor allem …

- ❑ Vollkornmüsli.
- ❑ Schokoladenkekse mit Limonade.
- ❑ am Lagerfeuer gegrillte Würstchen.
- ❑ Ravioli aus der Dose.
- ❑ Tiefkühlgemüse.
- ❑ Eiscreme mit Pommes frites.

GESCHMACKSFRAGEN

1 Punkt: Ich mag lieber …

- ❑ kräftige, leuchtende Farben.
- ❑ sanfte Pastelltöne.

2 Punkte: Ich trage lieber …

- ❑ große Blumenmuster.
- ❑ Egal, Hauptsache es paßt.
- ❑ kleinkarierte Stoffe.

3 Punkte: Farben erlebe ich besonders intensiv, wenn ich …

- ❑ einen Regenbogen sehe.
- ❑ einen bunten Blumenstrauß bekomme.
- ❑ ein Feuerwerk anschaue.
- ❑ einen Sonnenuntergang betrachte.

4 Punkte: Meine Lieblingsfarbe ist …

- ❑ Rot
- ❑ Grün
- ❑ Pink
- ❑ Gelb
- ❑ Orange
- ❑ Lila
- ❑ Blau
- ❑ ____________

SPIELERNATUR

1 Punkt: Ich mag am liebsten …

- ❑ Glücksspiele.
- ❑ intelligente Strategiespiele.

2 Punkte: Mein Lieblingsgesellschaftsspiel ist …

- ❑ Scrabble
- ❑ Monopoly.
- ❑ Schach
- ❑ Mau-mau

3 Punkte: Draußen spiele ich am liebsten …

- ❑ Krokett
- ❑ Volleyball
- ❑ Räuber und Gendarm
- ❑ Verstecken

4 Punkte: Was ich auf keinen Fall spielen würde:

- ❑ Flaschendrehen
- ❑ Sackhüpfen
- ❑ Mohrenkopfwettessen
- ❑ Blinde Kuh
- ❑ Scharade

Traumjob

Was würden Sie tun, wenn Sie sich Ihren absoluten Traumjob aussuchen könnten? Die Liste unten nennt Ihnen einige Möglichkeiten. Sie können natürlich auch etwas nennen, was hier nicht angeführt ist. Nachdem jede/r eine Wahl getroffen hat, versuchen die anderen Gruppenmitglieder herauszufinden, was jede/r gewählt hat.

- ❑ **Schauspieler/in:** Für das große Geld von der Leinwand herunterlächeln und dafür bejubelt werden.
- ❑ **Staranwalt:** Mit Intelligenz und Sprachgewandtheit Unschuldigen vor Gericht zu ihrem Recht verhelfen.
- ❑ **Politiker/in:** Im Dienst der Öffentlichkeit mitreißende Reden und geschickt konzipierte Abkommen aus dem Ärmel schütteln.
- ❑ **Fotomodell/Dressman:** Mit unwiderstehlichem Lächeln und perfektem Aussehen Maßstäbe setzen.
- ❑ **Polizist/in:** Im Einsatz für Recht und Gerechtigkeit persönliches Profil zeigen.
- ❑ **Astronaut/in:** Im Dienst der Wissenschaft Welten erobern, die noch nie zuvor ein Mensch betreten hat.
- ❑ **Pastor/in:** Mit einem Blick für die spirituellen Bedürfnisse einer Gemeinde und einzelnen zur Verfügung stehen.
- ❑ **Südseefischer:** In einer natürlichen Umwelt streßfrei einfach nur für das Nötigste sorgen und dabei das Leben genießen.
- ❑ **Rennfahrer/in:** Alles auf eine Karte setzen und im windschnittigen Kraftpaket mit 250 km/h die Runden drehen.
- ❑ **Schornsteinfeger/in:** Allen, die mich sehen, ein Lächeln ins Gesicht zaubern – schließlich gelte ich als gutes Zeichen. Und außerdem habe ich immer eine wundervolle Aussicht über den Dächern der Stadt ...
- ❑ **Reiseleiter/in:** In der ganzen Welt herumkommen und dabei immer wieder neue interessante Menschen kennenlernen und ihnen die Geheimnisse fremder Kulturen offenbaren ...
- ❑ **Tierarzt/Tierärztin:** Ein geschätzter Helfer in der Not, dem man die kleinen und großen Lieblinge in Haus und Stall anvertraut.
- ❑ **Schriftsteller/in:** Mit Kreativität, Sensibilität und Stil Bestseller schaffen, von denen alle reden.
- ❑ **Clown/in:** Menschen durch meine Phantasie aus dem grauen Alltag in eine ganz andere Welt entführen und sie lehren, auch mal über sich selbst zu lachen.

- ❑ **Tennislehrer/in:** Einfach tun, was mir Spaß macht – und dafür auch noch Geld bekommen. Und dann die ganze Prominenz, die sich um Stunden bei mir reißen würde ...
- ❑ **Psychotherapeut/in:** Als verläßlicher Berater Menschen begleiten und ihnen wieder zum seelischen Gleichgewicht verhelfen.
- ❑ **Lehrer/in:** Mit pädagogischem Geschick und persönlichem Profil Schüler begeistern und ihnen Lebensperspektiven eröffnen.
- ❑ **Arzt/Ärztin:** Medizinisch helfen können, aber auch ein Ohr für die seelischen Belange der Patienten haben und ihnen zum Freund werden.
- ❑ **Freischaffender Künstler:** Meiner Begabung folgen: malen (oder komponieren, schreiben, inszenieren ...) und der Welt ein wichtiges Kulturdokument hinterlassen.
- ❑ **Tänzer/in:** Mich auf der Bühne verausgaben und Menschen durch die Ausdruckskraft des Tanzes begeistern; das Leben in Bewegung spüren ...

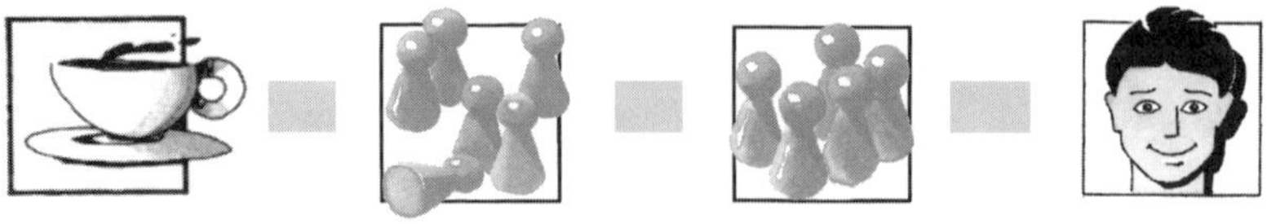

Ein Raum, von dem ich träume

Wenn Sie sich ein Zimmer ganz nach Ihren Wünschen einrichten könnten, was für ein Raum wäre das? Und wie wäre er gestaltet? Unten finden Sie einige Anregungen – aber Sie können natürlich auch ganz unabhängig davon ihr persönliches Refugium einrichten.

Festsaal

Ein großzügiger Saal mit Parkettboden, Kerzenleuchtern und Samtvorhängen – das perfekte Ambiente für rauschende Feste und elegante Empfänge.

Wintergarten

Ein lichtdurchfluteter Raum mit gläsernen Wänden voller exotischer Tropenpflanzen, Blumen und kleinen Springbrunnen.

Hobbykeller

Alles, was Sie für Ihre handwerklichen Aktivitäten in Haus und Garten brauchen, findet hier einen Platz: wohlgeordnet und jederzeit auffindbar. Es gibt fast nichts, was Sie hier nicht zustande bringen könnten.

Eßzimmer

Hier kommt die Familie zusammen und hier verwöhnt man Gäste mit einem außergewöhnlichen Menü. Der große, runde Massivholztisch kann beliebig verlängert werden. Hier sind Freunde und Bekannte jederzeit willkommen.

Spielzimmer

Bunte Tapeten, jede Menge Spielzeug, Kuscheltiere und Sitzkissen machen den Raum zu einem gemütlichen Chaos. Hier verbringen Sie glückliche Stunden mit Ihren Kindern. Warum nicht einmal alle Ihre Freunde zu einer Chaos-Party im Spielzimmer einladen?

Schlafzimmer

Ein Traum von einem echten Ruheort – geräumig, ruhig gelegen, mit Kuschelecke zum Alleinsein, Stereo-Anlage und Bücherregalen für die Bettlektüre. Eine Kaffeemaschine in der Nische erleichtert das Aufstehen.

Nachdem alle sich ihren „Traumraum"eingerichtet haben, kann die Gruppe raten, welche Art von Raum jede/r gewählt hat. Anschließend beschreiben Sie Ihren „Traumraum".

Atelier

Hohe Fenster lassen eine Fülle von Tageslicht in diesen hellen, großzügigen Raum. Hier verwirklichen Sie Ihre kreative Seite: malen, modellieren, tanzen, musizieren ...

Hauskapelle/Meditationsraum

Ein heller Raum, in dem Sie ganz zu sich selbst kommen und Gott begegnen. Sparsam eingerichtet, mit viel freiem Platz und einem Bild, einem Symbol und einigen Kerzen hilft er ihnen, den Alltag hinter sich zu lassen und sich darauf zu konzentrieren, was Ihrem Leben seine Mitte gibt. Hier ist auch für gemeinsame Andachten in der Familie oder im Hauskreis ein geeigneter Rahmen.

Küche

Ein Paradies für jeden, der gern kocht! Praktisch, durchdacht und trotzdem gemütlich eingerichtet und ausgestattet mit allem, was die Küchenarbeit erleichtert.
Ein großer Eßplatz sorgt außerdem dafür, daß die unentbehrlichen „Küchengespräche" weiterhin stattfinden können.

Wohnzimmer

Das Wichtigste hier ist die große Sitzecke, der gemütliche Ohrensessel und der Kamin, vor dem sich die Familie gern versammelt: Gäste haben, schöne Stunden mit Freunden verbringen, plaudern, spielen, vorlesen, gemeinsam träumen – dieser Raum lädt einfach dazu ein.

Arbeitszimmer

Hier ist alles vorhanden, was ein Heimbüro ausmacht: Computer, Fax, Bücherregale mit einer Fülle von Literatur, ein Stehpult und ein Schreibtisch, auf dem es nie zu Platzmangel kommen kann. Eine Sitzecke lädt den Rest der Familie dazu ein, zwischendurch auch mal reinzuschauen, wenn es etwas Wichtiges zu besprechen gibt oder wenn der Tee fertig ist ...

Badezimmer

Hier haben Sie sich eine kleine eigene Badelandschaft geschaffen: eine große Wanne zum Entspannen, Dusche, Wärmebank und Massagegerät. Ihre kleinen Luxusartikel (Seifen, Parfüm, Kosmetika) geben dem Bad eine Atmosphäre, in der man sich einfach wohlfühlt.

Ein ganz normaler Tag

Stellen Sie sich der Gruppe vor, indem Sie die unten stehenden Sätze vervollständigen. Bitten Sie einen Teilnehmer, den ersten Satz zu beenden und geben Sie dann jedem in der Gruppe die Möglichkeit, einen der Sätze zu vervollständigen – bis alle Sätze vorgekommen sind. (Gibt es Teilnehmer in Ihrer Gruppe, die einander nicht kennen, beginnen Sie mit einer Vorstellungsrunde.)

1. Normalerweise stehe ich morgens auf gegen ...
2. Ich beginne den Tag mit ...
3. Zum Frühstück esse ich meistens ...
4. Bei mir ist die kreativste Zeit des Tages ...
5. Ich bin begeistert, wenn ...
6. Wenn ich einen „schlechten" Tag habe, dann ...
7. Ich lese gern ...
8. Ich bin gern zusammen mit ...
9. Meine absolute Lieblingsbeschäftigung ist ...
10. Im Bett bin ich in der Regel um ...

Wo stehe ich?

Zwischen meinem eigenen Bild von mir selbst und dem Bild, das andere von mir haben, kann ein großer Unterschied sein. Nehmen Sie sich einen Augenblick Zeit und ordnen Sie sich in bezug auf die unten aufgeführten Kategorien zu (durch ein Kreuzchen irgendwo auf der Verbindungslinie zwischen den Extremen – für Ihre gedachte Position). Stellen Sie anschließend den anderen kurz vor, wo Sie sich momentan „ansiedeln".

KÖRPERBEHERRSCHUNG

zirkusreif ______________________________ bettlägerig

FITNESS

Turnschuh ______________________________ Filzpantoffel

TAKTGEFÜHL

Elefant im Porzellanladen ______________________________ Schmetterling

AUSSTRAHLUNG

Hella von Sinnen ______________________________ Lady Di

Guildo Horn ______________________________ Herbert von Karajan

GEISTIGER HORIZONT

Helge Schneider ______________________________ Richard von Weizsäcker

SPIRITUALITÄT / GEISTLICHES LEBEN

Was ist das? ______________________________ Franz von Assisi

LEBENSFREUDE

Wieso Lebensfreude? ______________________________ Ein glückliches Kind

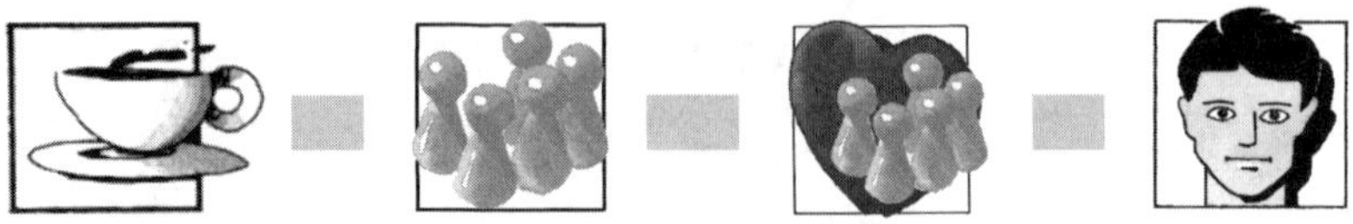

Oscar-Verleihung – ganz persönlich

In dieser Runde verteilen Sie einmal Ihre ganz persönlichen „Oscars" oder „Bambis". Denken Sie an die wichtigsten und liebsten Menschen und die schönsten Ereignisse in Ihrem Leben. Was gehört zum „Besten", das sie je erlebt haben? Wählen Sie aus den Möglichkeiten unten zwei oder drei Kategorien aus und schreiben Sie auf, was Ihnen dazu einfällt. Anschließend erzählen Sie den anderen ein wenig darüber, warum das, was Sie gewählt haben, Ihnen einen „Oscar" wert ist.

Der beste Freund/die beste Freundin in der Kindheit …

Der beste Lehrer/Lehrerin, die ich je hatte …

Der beste Job, den ich je hatte …

Das schönste Spielzeug …

Der beste Kurs, den ich in der Schule belegte …

Das beste Buch, das ich je las …

Der beste Film …

Das liebste Haustier …

Der schönste Geburtstag …

Die beste Wohnung …

Der schönste Urlaub …

Der beste Nachbar …

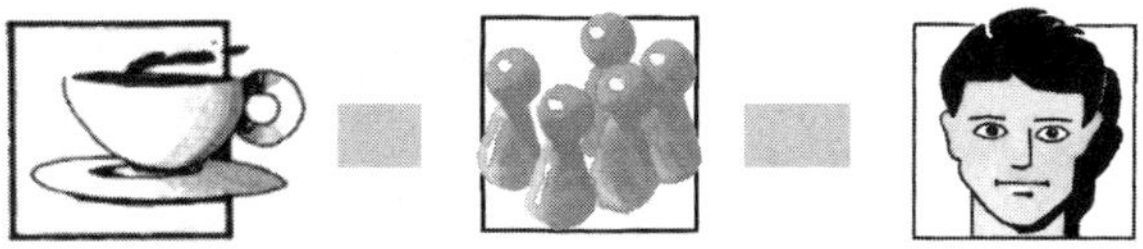

Kindheitserinnerungen ...

Versetzen Sie sich zurück in die Zeit, als sie etwa 11 Jahre alt waren. Was für ein Kind waren Sie?
Was taten Sie damals gern? Stellen Sie sich den anderen ein wenig vor – als 11jährige/r. Die folgenden Situationen geben ein paar Anregungen:

- Es ist Ihr 11. Geburtstag. Wie sieht Ihr Geburtstagstisch aus? Welchen „Lieblingskuchen" gibt es? Haben Sie Ihr „Traumgeschenk" bekommen?

- Ihr Vater kommt nach einem langen Arbeitstag nach Hause. Was tut er? Welche Pläne und Träume haben Sie für die Zeit, „wenn ich groß bin ..."?

- Yippie! Heute ist hitzefrei. Was stellen Sie mit diesem Tag an? Mit wem treffen Sie sich?

- Das Wochenende naht und Ihr bester Freund/Ihre beste Freundin kommt über Nacht. Wie heißt er/sie? Was für ein Mensch ist er/sie? Was gefällt Ihnen an diesem Freund/dieser Freundin am besten?

- Endlich Sommerferien! Was machen Sie in den Ferienwochen? Fahren Sie mit Eltern und Geschwistern in Urlaub? Wohin? Gefällt es Ihnen dort? Worauf freuen Sie sich besonders?

- Gab es in Ihrer Nachbarschaft damals ältere Leute, die ein Herz und Zeit für Kinder hatten? Wie hätte ein solcher Nachbar Sie beschrieben, als Sie 11 waren?

- Es klingelt zur großen Pause. Was wollen Sie damit anfangen?

Schönes Wetter heute!?

Betrachten Sie einmal die verschiedenen Bereiche Ihres Lebens. Wählen Sie drei Gebiete aus und ordnen sie diesen je einen Monat mit der Großwetterlage zu, die Ihre momentane Situation am besten beschreibt. Anschließend gibt jede/r seinen aktuellen Wetterbericht bekannt. Wer will, kann auch einige Erläuterungen hinzufügen.

LEBENSGEBIETE

- Liebe
- Beruf
- Beziehungen
- Finanzen
- Glaube
- Familie
- Lebensgefühl
- Geistige Frische
- Gesamtlage

JANUAR:	Kalt und eisig, aber das neue Jahr hat begonnen.
FEBRUAR:	Der tristeste Monat des Jahres – alles ist grau in grau.
MÄRZ:	Kalt und stürmisch, aber es liegt schon ein Hauch von Frühling in der Luft.
APRIL:	Wechselhaft und unberechenbar, aber das Leben bricht sich Bahn.
MAI:	Alles blüht und grünt. Die Sonne lacht auch bei einer kühlen Brise.
JUNI:	Angenehm warm, alles wächst und gedeiht und es macht sich schon Urlaubsstimmung bemerkbar.
JULI:	Die Hitze ist unerträglich; lange mache ich das nicht mehr mit.
AUGUST:	Man hat sich zwar an die Hitze gewöhnt, lechzt aber nach Regen.
SEPTEMBER:	Es ist immer noch warm, aber die ersten kühleren Tage kommen. Es liegt ein Wechsel in der Luft.
OKTOBER:	Das Leben richtet sich auf den Winterschlaf ein. Die Farben sind noch warm und kräftig. Durch den Dunst dringt milde, wärmende Herbstsonne.
NOVEMBER:	Feucht, neblig und trübe. Überall fallen die Blätter. Es gibt den ersten Frost. Schwer, an die Sonne zu glauben.
DEZEMBER:	Das Wetter ist kalt und klar und der erste Schnee verwandelt die Welt. Weihnachten kann kommen – alles ist voller Vorfreude.

Inspirationsquelle

Bilden Sie Zweiergruppen und beantworten Sie sich gegenseitig die folgenden Fragen. Anschließend stellt jeder die Antworten des anderen der großen Gruppe vor.

Wenn ich Anregung und Inspiration suche,

… gehe ich in die Natur.
… höre ich Marschmusik.
… lese ich in der Bibel.
… treffe ich mich mit anderen, um einmal ins Blaue hinein zu träumen.
… werde ich kreativ (malen, Gedichte schreiben, Musik machen …).
… lese ich ein anregendes Buch.
… gehe ich zu einem Lobpreisgottesdienst.
… ziehe ich mich zurück, um zu beten.
… betrachte ich einen Sonnenuntergang.
… mache ich einen langen Spaziergang.
… ______________________________

Ein besonders eindrücklicher Moment in meinem Leben war …

Momentan könnte es mich inspirieren, wenn …

Diese Gruppe ist für mich inspirierend, weil …

Fragen, Fragen (1)

Manchmal bedarf es nur einiger ganz alltäglicher Fragen, damit Menschen, die sich noch wenig kennen, miteinander ins Gespräch kommen.
Einige anregende Fragen finden Sie hier. Geben Sie ein paar Momente Zeit, damit alle Gruppenteilnehmer die Fragen durchlesen können oder lesen Sie sie laut vor. Anschließend beantwortet jede/r die Fragen, auf die ihm/ihr am schnellsten eine Antwort einfällt. Dann werden die Antworten der großen Gruppe vorgestellt.
Jede Frage sollte dann nur von einem Teilnehmer beantwortet werden. Markieren Sie die Fragen, über die bereits gesprochen wurde.

Was ist Ihre Lieblingsspeise? Was mögen Sie am wenigsten? Was war die schönste Mahlzeit, die Sie je erlebten?

Was war der Höhepunkt dieser Woche? Was der Tiefpunkt?

Welche Arbeit im Haushalt oder Garten macht Ihnen so richtig Spaß?

Welches Hobby hatten Sie als Teenager?

Was war der erste Job, den Sie je hatten? Wie ging es Ihnen damit?

Was war das schlimmste Unwetter, das Sie je erlebten?

Was war das Komischste, das Sie je in einer Kirche oder religiösen Versammlung erlebten?

Was tun Sie am liebsten an Regentagen?

Was ist das beste Faschingskostüm, das Sie je hatten?

Was ist ihre frustrierendste Erfahrung im Heimwerker-Bereich?

Wer war der seltsamste Nachbar, den Sie je hatten?

Wie sah der Ort aus, an dem Sie aufgewachsen sind?

Wenn Sie ein Tier wären – welches wären Sie wohl? Warum?

Was war das größte Desaster bei einem gesellschaftlichen Anlaß, das Sie je erlebten?

Was war der beste Streich, den Sie jemandem gespielt haben? Oder den man Ihnen gespielt hat?

Was war bisher die schönste Überraschung in Ihrem Leben?

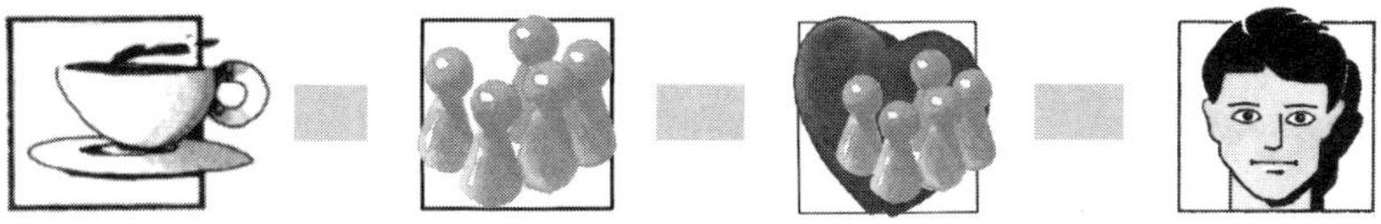

Fragen, Fragen (2)

Und noch einmal eine Reihe von Fragen, die Ihnen helfen, völlig neue Seiten aneinander zu entdecken. Sie eignen sich besonders für Gruppen, die sich schon etwas besser kennen.
Jede/r aus der Gruppe wählt eine Frage, zu der er/sie etwas sagen möchte. Der Reihe nach oder kreuz und quer stellen Sie dann Ihre jeweiligen Antworten vor.

Was war der erste große Sieg, den Sie errangen? Wie haben Sie sich gefühlt?

Wenn Sie Ihre Traumrolle im Film wählen sollten – welche Rolle würden Sie spielen?

Was war das Unvernünftigste und Unkonventionellste, zu dem Sie sich je haben hinreißen lassen?

Mögen Sie Ihren Namen? Wenn Sie selbst hätten wählen können, wie würden Sie heißen?

Wenn Sie sich Ihren Traumberufswunsch erfüllen könnten – wie sähe Ihre Zukunft in fünf Jahren aus?

Was ist der beste Rat, den Sie je bekommen haben?

Was macht für Sie eine Wohnung zum Zuhause?

Wenn Sie für einen Tag unsichtbar wären, was würden Sie tun?

Wer ist die berühmteste Person, die Sie bisher getroffen haben? Wie kam es zu dieser Begegnung?

Sie können einen Verstorbenen ins Leben zurückholen. Wen wählen Sie?

Was betrachten Sie als Ihren größten persönlichen Erfolg?

Welches Lebensalter, finden Sie, ist das beste? Warum?

Beschreiben Sie die ungewöhnlichste Begegnung, die Sie je hatten.

Welches Lied erinnert Sie an etwas aus Ihrem Leben?

Welchen Ort, an dem Sie einmal waren, möchten Sie nicht noch einmal besuchen?

Für wen haben Sie als Teenie geschwärmt?

Was war Ihr erster großer Berufstraum?

Wenn Sie nur noch ein Jahr zu leben hätten, was würden Sie tun?

Welche Erfahrung wünschen Sie Ihren Kindern?

Wenn Sie Ihr Leben noch einmal von vorn beginnen könnten, was würden Sie anders machen?

Mein Museum

Herzlichen Glückwunsch! Ein wohlhabender Sponsor hat beschlossen, ein Museum zu Ihren Ehren zu errichten. Das Gebäude steht bereits, und nun ist es an Ihnen, die Ausstellungsstücke zusammenzustellen.
Folgende Abteilungen sind vorgesehen:
FAMILIENTRADITION
KINDHEIT
AUSBILDUNG/BERUFSWEG
PRIVATLEBEN
BESONDERE ERRUNGENSCHAFTEN
SPIRITUELLE ENTWICKLUNG
ZUKUNFTSAUSSICHTEN (UNVOLLSTÄNDIG)

Für jede Abteilung dürfen Sie ein besonderes Ausstellungsstück auswählen. Was hoffen Sie einmal in der Abteilung „Zukunftsaussichten" aufstellen zu können?
Viel Spaß beim Einrichten Ihrer Lebensausstellung – und dabei, sie sich gegenseitig vorzustellen.

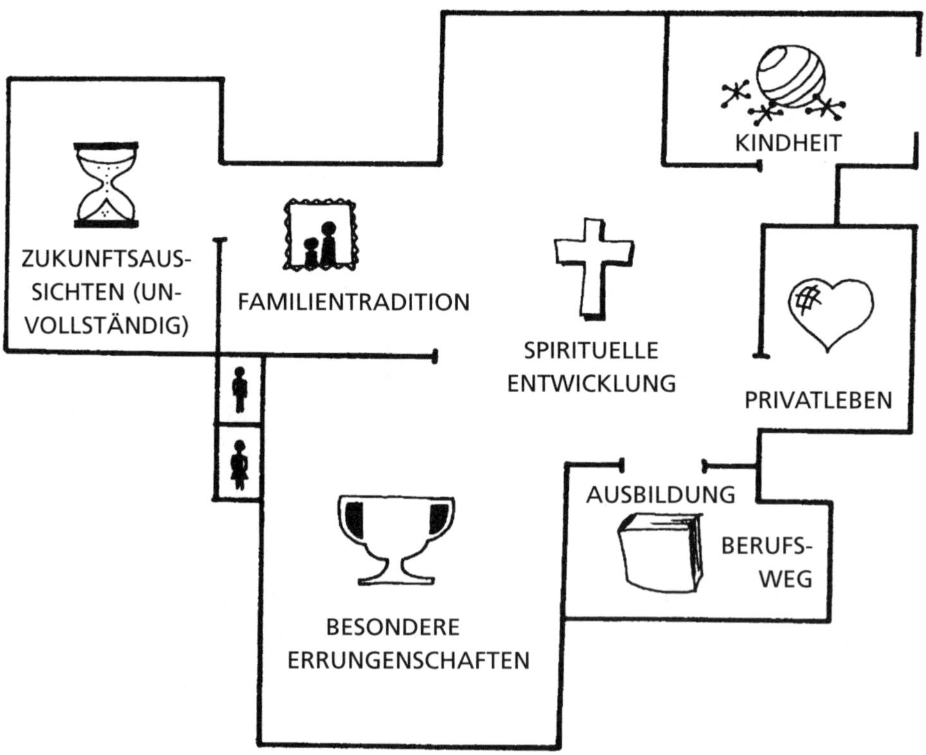

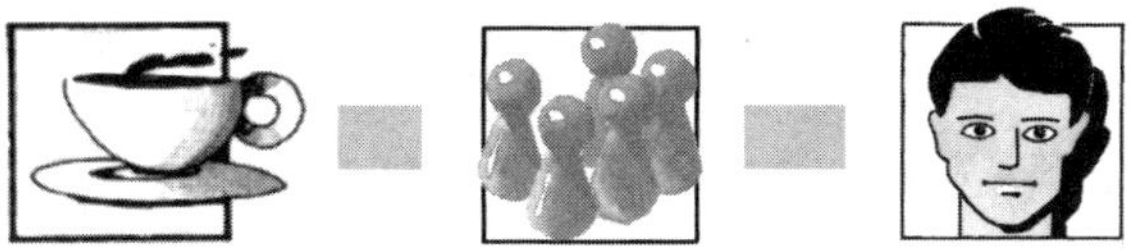

Spendengelder

Sie haben überraschend eine Erbschaft erhalten und möchten DM 10.000 davon in verschiedene Fonds oder Organisationen investieren. Die folgenden Organisationen bemühen sich um Ihre Gunst. Wieviel investieren Sie wofür?

__________ **Stiftung Zeitplanung:** Die Organisation hilft Ihnen, Ihre Zeit sinnvoll und effizient zu nutzen. Der Werbeprospekt empfiehlt die Stiftung als „die beste Investitionsmöglichkeit für Menschen, die zu beschäftigt sind, um Zeit für das wirklich Wichtige zu haben".

__________ **Aktienfonds „Wahre Liebe wächst":** Die AG garantiert Ihnen, Ihre Ehe zu einer stabilen, harmonischen und romantischen Partnerschaft zu machen. Sie bietet ihren Aktionären z.B. Kurse in Gesprächsführung für Ehepartner und Unterstützung für ein harmonisches, erfülltes Familienleben.

__________ **Investmentfond Spiritualität:** In diesem Fond besteht die Dividende darin, daß Sie deutliche Wachstumsschritte in Ihrem Glauben und in Ihrer Beziehung zu Gott machen. Sie lernen, Ihre Mitmenschen und Gott immer mehr zu lieben, und Ihr Einsatz in der Gemeinde macht Ihnen immer mehr Freude.

__________ **Stiftung „Rettet die Tradition":** Ziel dieser Stiftung ist die Bewahrung von Werten und Traditionen im Sinne unserer Vorfahren. Sie können wählen, ob Ihr Geld in wertstabilen Sonderfonds angelegt werden soll, z.B. „Autorität in der Erziehung", „Aufrichtige Geschäftsbeziehungen", „Ohne Fleiß kein Preis", „Förderfonds für glaubwürdige Politiker".

__________ **Stiftung „Freunde fürs Leben":** Hier wird die Dividende in Form von vertieften Freundschaften und vertrauensvollen Beziehungen gezahlt. Versprochen werden Gewinne, „die nicht in Gold aufzuwiegen sind".

__________ **Genossenschaft „Karriereleiter":** Für Ihre Geldanlage nehmen Sie teil an einem Sonderförderprogramm „Berufung und Berufserfolg". Sie erhalten Hilfe bei der Kontaktaufnahme mit wichtigen Personen Ihrer Branche und eine „Berufszufriedenheitsgarantie" mit lebenslänglicher Laufzeit.

__________ **Versicherungspolice „Keine Angst vor Regentagen":** Diese Versicherung zahlt Entschädigungsgelder für Regentage. Eine ideale Vorbeugung gegen jede Art von unvorhergesehenen Katastrophen, durch die Sie endlich alle Ihre Sorgen vergessen können.

__________ **Investment „Gerüstet für die Zukunft":** Der Fonds zahlt die erwirtschafteten Dividenden nicht an die Anteilseigner, sondern investiert in Ausbildungsprogramme in Ländern der Dritten Welt. Die Aktionäre verpflichten sich, begabte Studenten durch persönliche Patenschaften zu unterstützen und so einen Beitrag für die Zukunft einer nachfolgenden Generation zu leisten.

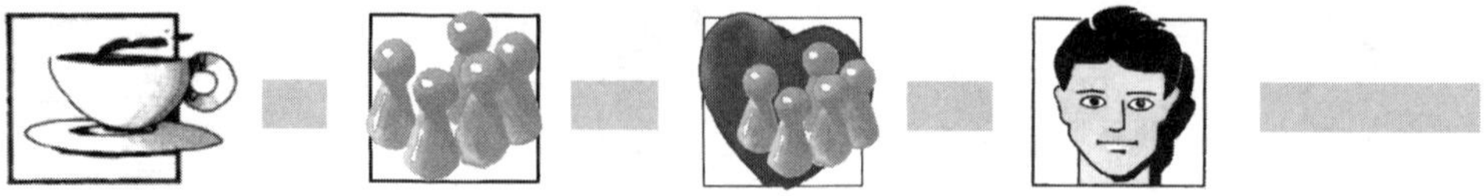

Auf und ab

Unser Leben besteht aus guten und schlechten Tagen. Versuchen Sie den bisherigen Verlauf Ihres Lebens durch ein Diagramm auszudrücken, in dem Sie Höhepunkte und Tiefpunkte Ihres Lebens wie in einer „Fieberkurve" eintragen. Erläutern Sie den anderen kurz Ihr Diagramm: Welche Erlebnisse stehen an den Hoch- oder Tiefpunkten?

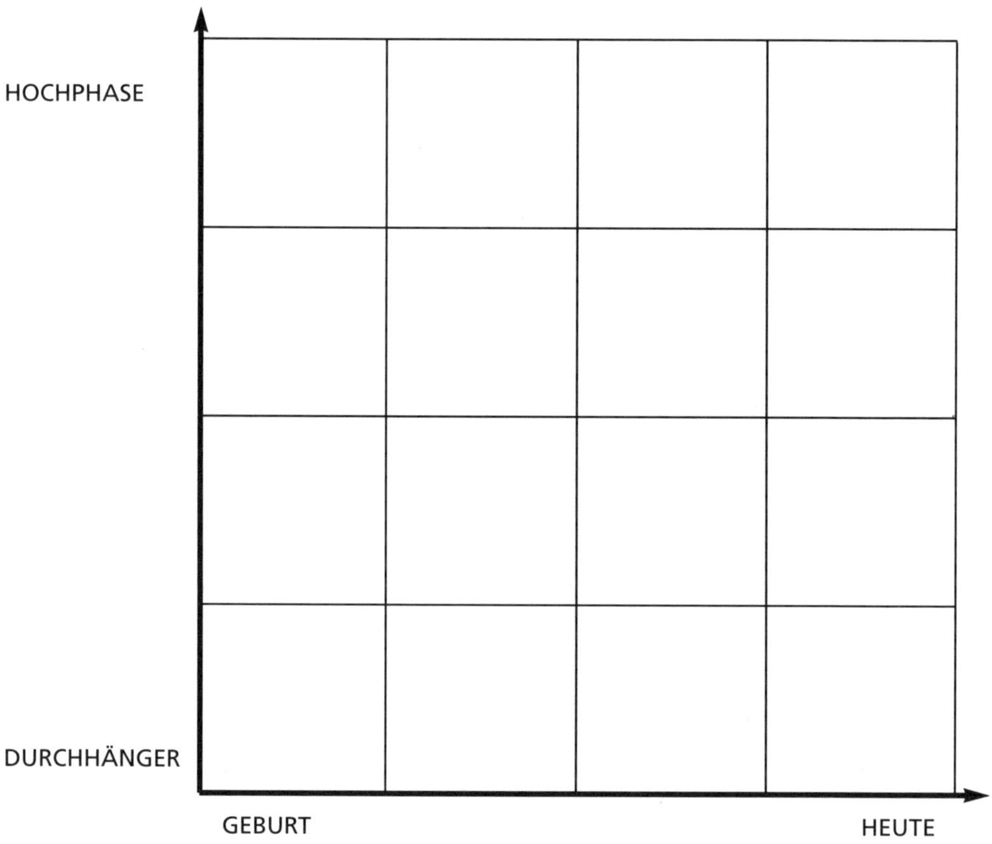

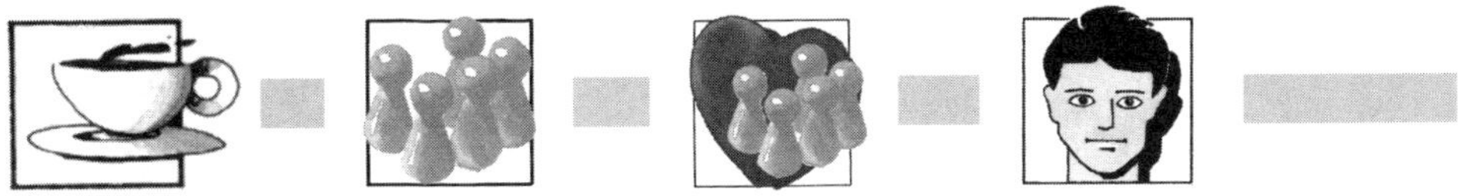

Das größte Kapital

Das Wertvollste in unserem Leben sind Menschen und Beziehungen. Welche Personen oder Beziehungen bedeuten Ihnen am meisten? Wem widmen Sie den größten Teil Ihrer Zeit, Liebe, Kraft und Ihres Geldes? Versuchen Sie eine Bestandsaufnahme, indem Sie in den Kreisen unten eine Aufteilung vornehmen, wie sie folgendes Schema beispielhaft anzeigt. Erzählen Sie den anderen anschließend, wenn Sie mögen, von Ihren „Entdeckungen“.

BEISPIEL:

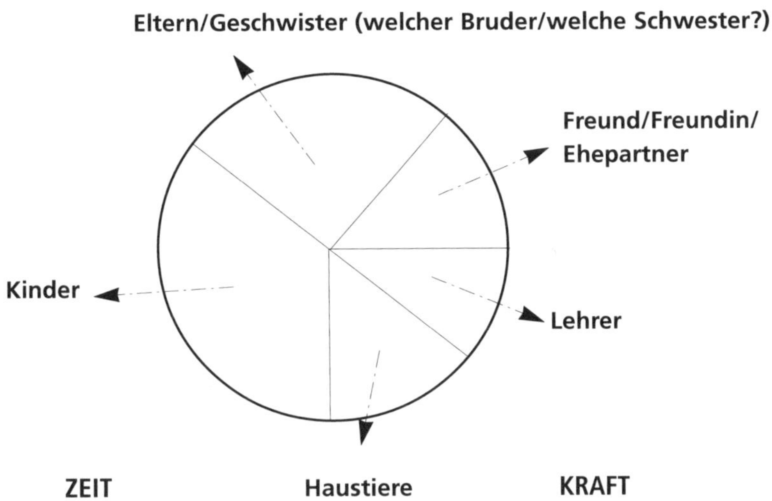

ZEIT

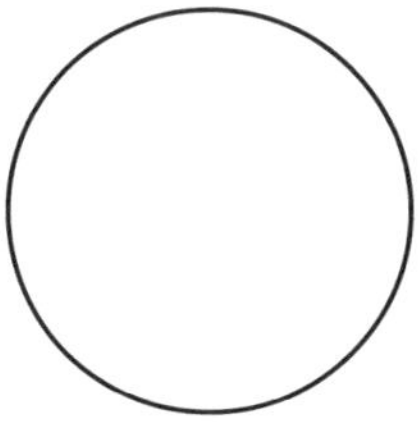

KRAFT

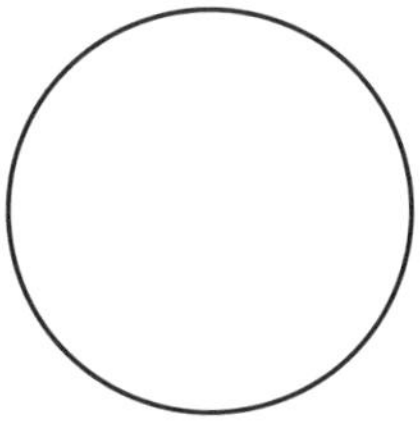

LIEBE

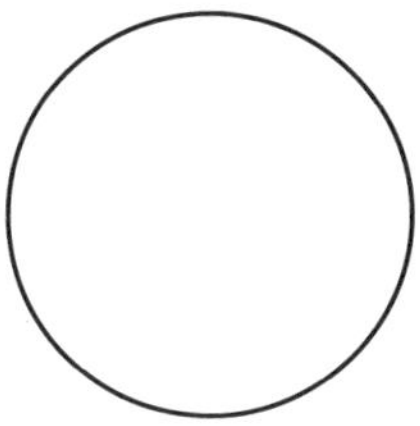

GELD

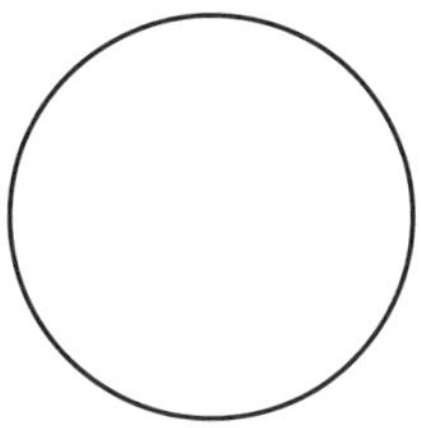

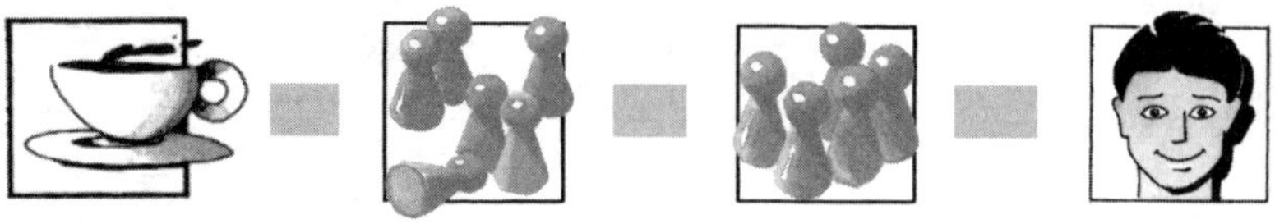

Familiengeflüster

Erinnern Sie sich an die Familie Ihrer Kindheit. Wie ging es dort zu? Oder beschreiben Sie Ihre jetzige Familie. Wählen Sie aus jeder der folgenden Gattungen einen Titel, der eine Eigenart Ihrer (früheren oder jetzigen) Familie beschreibt und erläutern Sie den anderen, warum Sie gerade diesen Titel gewählt haben.

Wenn meine Familie in einem Film dargestellt würde, dann wäre es ...

- ❑ Kevin allein zu Haus
- ❑ Alice im Wunderland
- ❑ Krieg der Sterne
- ❑ Drei Männer und ein Baby
- ❑ ____________________
- ❑ Jurassic Park
- ❑ Romeo und Julia
- ❑ Liebling, ich habe die Kinder geschrumpft!
- ❑ Begegnung mit der dritten Art

Wenn meine Familie in einem Märchen dargestellt würde, dann wäre es ...

- ❑ Hänsel und Gretel
- ❑ Dornröschen
- ❑ Hans im Glück
- ❑ Die Schneekönigin
- ❑ Aschenputtel
- ❑ Der Rattenfänger von Hameln
- ❑ Von einem, der auszog, das Fürchten zu lernen
- ❑ Der eiserne Heinrich

Der Kinderreim, der meine Familie am treffendsten beschreibt, ist ...

- ❑ Heile, heile, Segen
- ❑ Backe, backe, Kuchen
- ❑ Müde bin ich, geh zur Ruh
- ❑ Schlaf, Kindchen, schlaf
- ❑ Hopp, hopp, hopp, Mama lauf Galopp.
- ❑ Hast 'nen Taler, geh auf den Markt
- ❑ Liebe Sonne, scheine
- ❑ Zehn kleine Zappelmänner

Der Comic, der meine Familie am treffendsten beschreibt, ist ...

- ❑ Peanuts
- ❑ Hägar, der Schreckliche
- ❑ Tim und Struppi
- ❑ Garfield
- ❑ Die Frustrierten
- ❑ Mafalda
- ❑ Calvin und Hobbes
- ❑ Donald Duck
- ❑ Familie Feuerstein
- ❑ Asterix

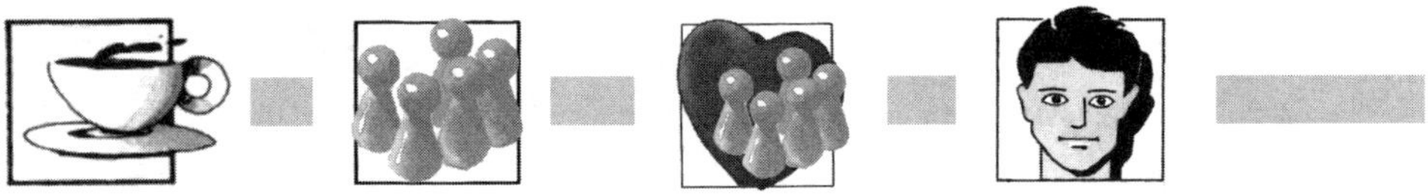

Schnappschüsse

Stellen Sie den anderen einige Schnappschüsse aus Ihrem persönlichen Fotoalbum vor. Wählen Sie zwei oder drei der unten beschriebenen Situationen aus und beschreiben Sie das Bild, das Ihnen dazu „vor Augen steht“.

Ein Augenblick, in dem ich wunschlos glücklich war …

Eine Begebenheit, in der ich alles auf eine Karte setzte und gewann …

Eine Sache, in der ich mein Bestes gab und ein hohes Ziel erreichte …

Eine Situation, die mir total peinlich war …

Eine Situation, in der ich gekniffen habe …

Ein Erlebnis, das mich wirklich traurig gemacht hat …

Eine Begegnung, die mein Leben verändert hat …

Eine Situation, in der ich nicht wußte, wie es weitergehen sollte …

Ein Moment, in dem ich etwas Neues über mich selbst entdeckte …

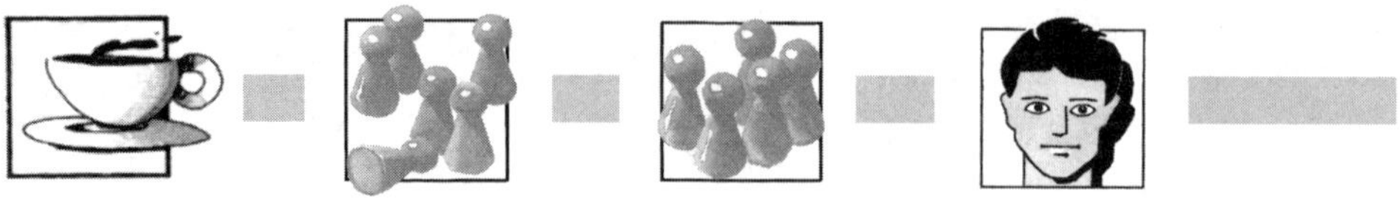

Gestern, heute, morgen

Eine Kleingruppe ist (idealerweise) ein Ort, an dem jede/r ganz er oder sie selbst sein kann. Dazu gehören z.B. Ihre Erfahrungen, die Sie in der Vergangenheit geprägt haben, und Ihre Träume und Erwartungen für die Zukunft.
Nehmen Sie sich ein paar Minuten Zeit, um ihr Leben in Vergangenheit, Gegenwart und Zukunft in den Blick zu nehmen. Beantworten Sie die Fragen zunächst jeder für sich und erzählen Sie dann den anderen, was Sie entdeckt haben.

GESTERN: Wenn ich noch einmal jung wäre, würde ich mir mehr Zeit nehmen, um:

❑ gute Bücher zu lesen.
❑ über ... zu reden.
❑ mit meiner Familie zusammen zu sein.
❑ mich in der Gemeinde zu engagieren.
❑ für meine Freunde da zu sein.
❑ zu beten.
❑ mich in Gemeinschaftsprojekten zu engagieren
❑ einfach innezuhalten und den Duft einer Blume zu genießen.
❑ zu spielen.
❑ zu arbeiten.
❑ zu träumen.
❑ meiner Frau/meinem Mann zuzuhören.
❑ ____________________

HEUTE: Das Leben wäre schöner mit mehr ...

❑ Bergwanderungen.
❑ Jahrmärkten.
❑ Sonntagen.
❑ Tante Emma-Läden.
❑ selbstgebackenem Brot.
❑ Familienausflügen.
❑ Erweckungen.
❑ Faschingsfeiern und Zirkusvorstellungen.
❑ Disco-Abenden.
❑ Tagen, an denen niemand etwas von mir will.
❑ echten Glaubenserlebnissen.
❑ erlebbaren Wundern.
❑ persönlichen Begegnungen.
❑ ____________________

MORGEN: Wenn ich hundert Jahre alt werde, bin ich hoffentlich noch immer in der Lage …

- ❑ Blumen zu züchten.
- ❑ mit Kindern zu spielen.
- ❑ Leute zum Lachen zu bringen.
- ❑ zu einem Rendezvous zu gehen.
- ❑ Sexualität zu genießen.
- ❑ einen Gottesdienst zu besuchen.
- ❑ kreativ zu denken.
- ❑ Auto zu fahren.
- ❑ für mich selbst zu sorgen.
- ❑ einen Kilometer zu laufen.
- ❑ Sport zu treiben.
- ❑ Rockmusik zu hören.
- ❑ Spaß zu verstehen.
- ❑ meinen Lebensunterhalt zu verdienen.
- ❑ ____

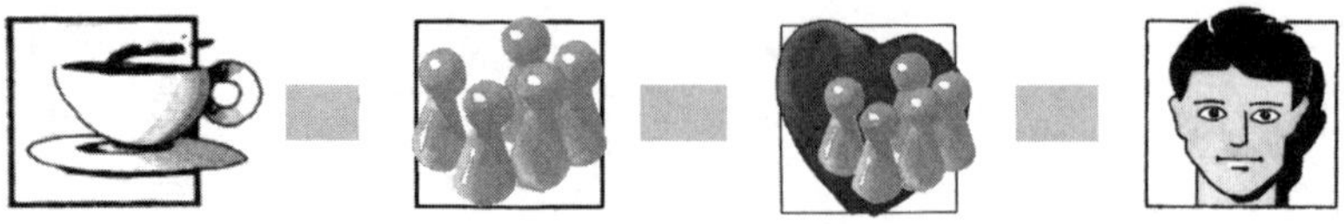

Meilensteine

Jeder von uns gelangt im Leben immer wieder an Stationen, die einen besonders wichtigen Schritt markieren. Eine glückliche Begegnung, eine Gotteserfahrung, eine große Liebe, ein dramatischer Kurswechsel können solche „Meilensteine" sein, die die Richtung unseres Lebens entscheidend verändern. Wo stehen die entscheidenden „Meilenstein" Ihres Lebens?

Schreiben oder malen Sie in die drei Kästchen unten, welche Situationen drei entscheidenden Meilensteine Ihres Lebens ausmachen.

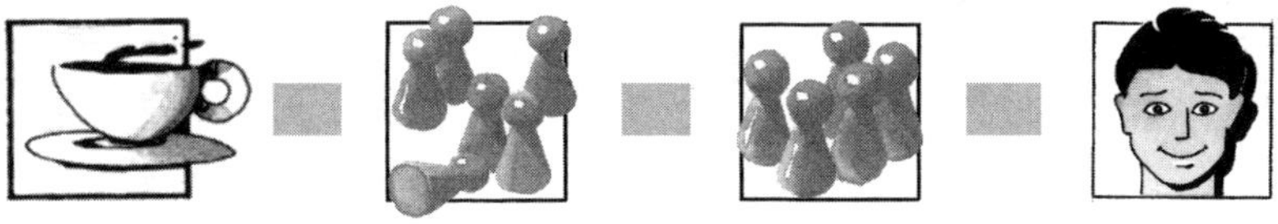

Mein Traum vom Glück im Alltag

Was brauchen Sie, um sich wohl zu fühlen und zufrieden und glücklich zu sein? Suchen Sie die Antworten, die für Sie passen. Anschließend teilen Sie sich gegenseitig Ihre „Glücksträume" mit.

1. Ein „kleines Glück" ist für mich ...

❑ ein freier Nachmittag ohne irgendeine Verpflichtung.
❑ eine schwierige Aufgabe mit Erfolg abschließen.
❑ ein Tag am Meer mit meinen Kindern/Enkelkindern.
❑ ein romantischer Abend mit meinem Ehepartner (Freund/Freundin).
❑ ein Einkaufsbummel mit Freunden.
❑ ein paar Tage allein irgendwo faulenzen, wandern oder radfahren.
❑ ins Kino oder Museum gehen.
❑ Zeit mit Freunden verbringen.
❑ ein heißes Bad nach einem anstrengenden Tag.
❑ ein Nachmittag im Fußballstadion.
❑ eine Bergwanderung am frühen Morgen.
❑ ____________________

2. Was mir garantiert die Laune verdirbt ...

❑ Regenwetter
❑ Rechnungen im Briefkasten
❑ Ärger mit Kollegen
❑ unvorhergesehene Zusatztermine
❑ Montage
❑ Staus im Berufsverkehr
❑ schlechte Börsennachrichten
❑ langweilige Arbeit
❑ ____________________

3. Wenn ich nur noch sechs Monate zu leben hätte, würde ich ....

❑ etwas ganz Riskantes wagen, das ich schon immer mal ausprobieren wollte; jetzt wäre es ja egal, wenn mir was passiert.
❑ niemandem etwas davon erzählen.
❑ die Zeit nutzen, möglichst vielen Menschen vom Evangelium zu erzählen.
❑ sehr wütend werden.
❑ mich um meine Beerdigung kümmern.
❑ viel Zeit im Gespräch mit Gott verbringen.
❑ die Zeit mit meinen nächsten Angehörigen und/oder engsten Freunden verbringen.
❑ über mein Leben Tagebuch führen.
❑ so weiterleben wie bisher.
❑ endlich die langersehnte Weltreise machen.
❑ ____________________

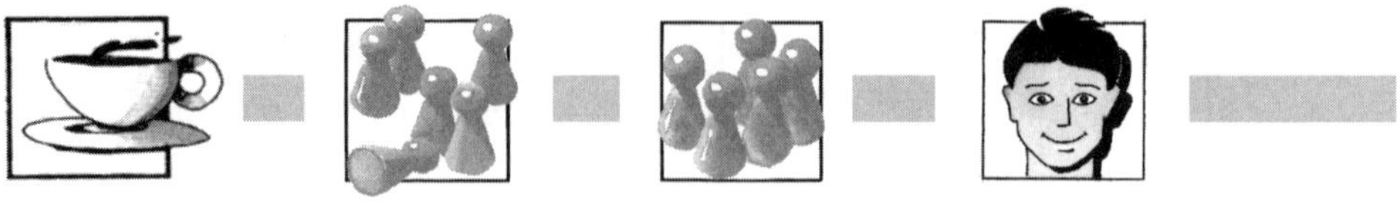

Versteigerung (1)

Veranstalten Sie eine kleine Versteigerung. Wählen Sie eine/n redegewandte/n Auktionsleiter/in und gehen Sie die „Versteigerungsobjekte“ der Reihe nach durch. Das Mindestgebot beträgt immer 50 Spielmark. Jeder Spieler hat insgesamt 1000,- zur Verfügung. Paare dürfen bei einem „Objekt“ ihr Geld zusammenlegen. Notieren Sie den Zuschlag links und den dazugehörigen Namen rechts in der Reihe. Der Auktionsleiter darf ebenfalls mitbieten. Viel Spaß.

Gebot:		geht an:
________	zehn Pfund Gewichtsreduktion (ohne Schweiß, Mühe oder Arbeit)	________
________	zwei Plätze in der ersten Reihe bei einem Konzert Ihrer Wahl	________
________	kostenloser Urlaub für zwei auf Hawaii	________
________	eine Rolle in einem großen Kinofilm	________
________	ein Jahr ohne Ärger mit Kollegen oder Chef	________
________	eine Studienreise durch Israel	________
________	eine Saisonkarte (Ehrentribüne) für meinen Lieblingsverein	________
________	sechs Monate bezahlten Urlaub	________
________	einen Monat lang ein Kindermädchen rund um die Uhr	________
________	einen 8-Stunden-Einkaufsbummel in einer Weltstadt meiner Wahl	________

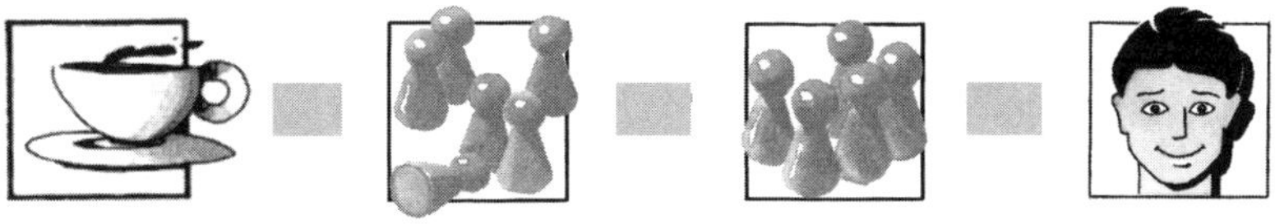

Familienstimmung

Wenn Sie Ihre „Familienstimmung" der letzten Woche beschreiben sollten – welchem Musikstil käme sie am nächsten?

- ❑ Unterhaltungsmusik – alles lief glatt
- ❑ Klassik – keine Überraschungen; die üblichen Läufe
- ❑ Pop – ein paar Baßschläge, aber größtenteils ruhig
- ❑ Volksmusik – wohlbekannt, mit ein paar hübschen Überraschungen
- ❑ Jazz – ich wußte nie, was als nächstes kommt
- ❑ Rap – endloses Geplapper
- ❑ Hard Rock – das reinste Chaos
- ❑ ____

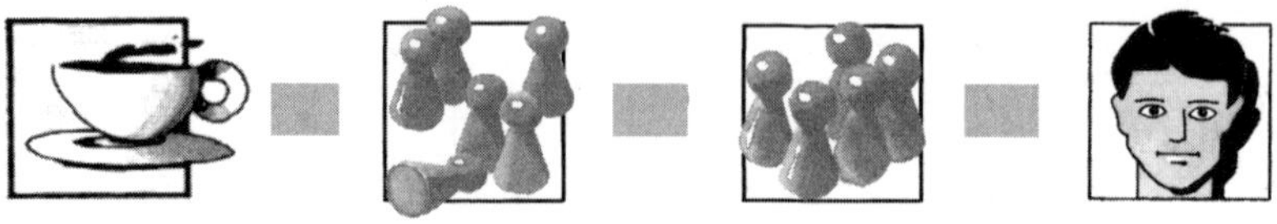

Ein Traum wird wahr

Stellen Sie sich vor, Sie hätten drei Wünsche frei. Was würden Sie aus der folgenden „Wunschliste" auswählen?

❑ LOTTERIEGEWINN: Niemals wieder arbeiten müssen

❑ SICHERE ARBEITSSTELLE: Lebenslange Arbeitsplatzgarantie mit übertariflicher Bezahlung.

❑ STRESSFREIES LEBEN: Keine Schmerzen, Schwierigkeiten und Spannungen.

❑ FAMILIENZUSAMMENHALT: Keine Streitereien, ungetrübte Liebe und gegenseitige Unterstützung.

❑ GESUNDHEIT: Langes Leben, voller Kraft und Vitalität.

❑ EINE TIEFE FREUNDSCHAFT: Jemanden, der immer für mich da ist.

❑ ERFOLG: Gelingen und Anerkennung in meinem Beruf.

❑ GOTTVERTRAUEN: Eine tiefe, erfüllende und wachsende Beziehung zu Gott.

❑ CHARAKTERSTÄRKE: Die Fähigkeit, zu mir selbst und zu meinen Überzeugungen zu stehen, auch wenn das schwierig ist.

❑ EWIGE JUGEND: Die Sicherheit, immer attraktiv, dynamisch, kraftvoll und geistig beweglich zu sein.

❑ ZUFRIEDENHEIT: Die Kunst, dankbar zu bleiben, was auch geschieht, und das Positive in jeder Lage zu entdecken.

❑ LEBENSSINN: Wissen, daß ich einmal etwas Wichtiges hinterlassen werde.

❑ EINE GROSSE LIEBE: Einen Menschen, mit dem ich eine besonders innige Beziehung erleben kann.

❑ NICHTS: Mein Leben könnte nicht besser sein, als es jetzt ist.

❑ WEISHEIT: Die Fähigkeit, zu erkennen, was wirklich wesentlich ist und Zufriedenheit gibt.

❑ EINE AUDIENZ BEI GOTT: Eine Möglichkeit, einmal Auge in Auge mit Gott über mein Leben und über seine Pläne mit mir reden zu können, so daß kein Zweifel möglich ist.

❑ EIN MITTEL GEGEN DIE UMWELTZERSTÖRUNG: Ich möchte, daß auch spätere Generationen noch auf dieser Erde leben können.

❑ GERECHTIGKEIT: Ein Ende von Krieg, Armut und Unterdrückung und ein menschenwürdiges Leben für alle.

❑ ______________________________

„Feuerzangenbowle"

Stellen Sie sich vor, jemand würde einen Film über Ihr Leben drehen, und zwar über das letzte Jahr Ihres Schülerdaseins. Welche Szenen würde der Film enthalten? Welche Darsteller würde man benötigen? Jeder Teilnehmer hat einige Minuten Zeit, sich an die benötigten Details zu erinnern. Falls in der Gruppe mehr als 4 oder 5 Teilnehmer sind, dann sollte sich jeder nur 2 oder 3 Details aussuchen, die er der Gruppe mitteilt.

1. ORT: Wo wohnten Sie damals?

2. GEWICHT/KLEIDERGRÖSSE: Wieviel Kilo brachten Sie auf die Waage – oder ist der Brustumfang schmeichelhafter?

4. FREUNDE/FREUNDIN: Mit wem verbrachten Sie den Großteil Ihrer Zeit?

5. HIGHLIGHTS: Was waren die Höhepunkte dieser Zeit, an die Sie sich immer noch gern erinnern?

6. TRÄUME: Welche Hoffnungen und Zukunftsträume haben Sie gehabt?

7. ERWARTUNGEN: Welche Erwartungen und Hoffnungen hatten Ihre Eltern für Ihre Zukunft?

8. GESPENSTER: Wem aus Ihrer Schulzeit und Jugend würden Sie lieber nicht mehr begegnen?

9. SPURENSUCHE: Wen würden Sie gerne treffen, wenn Sie heute Ihre Schule noch einmal besuchen würden?

10. SCHATZKISTE: Was aus dieser Zeit gehört zu Ihren „Kostbarkeiten"? (Ein Gegenstand, eine Begegnung, eine Erinnerung, etwas, das Sie gelernt haben ...)

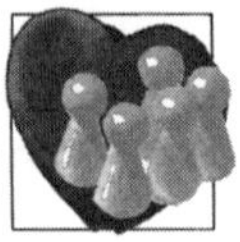

„Hier stehe ich ..."

Markieren Sie die drei wichtigsten Dinge, die Sie bis heute in Ihrem Leben erreicht haben (mit einem E). Dann nennen Sie die drei wichtigsten Dinge, die Sie in Ihrem Leben noch erreichen wollen (markieren Sie diese mit einem P). Teilen Sie den anderen Ihre „Errungenschaften" und Pläne mit.

___ finanzielle Sicherheit

___ gute Freundschaften

___ eine gute Ausbildung

___ meinen Körper trainiert

___ gelernt zu lieben

___ entschieden, was ich vom Leben erwarte

___ einen Lebenspartner gefunden

___ Vorbereitungen für die Zukunft getroffen

___ schönen Besitz erworben

___ viel von der Welt gesehen

___ viel riskiert/viel gelernt

___ eindeutige Standpunkte vertreten

___ Sinn für mein Leben gefunden

___ ______________________

___ Spaß/Vergnügen

___ Zufriedenheit/innerer Friede

___ Geld/Erfolg

___ Selbstachtung

___ tiefe Beziehungen/Fürsorge

___ gute Gesundheit/langes Leben

___ Gott begegnet

___ Glück/ schöne Erlebnisse

___ geistliche Erfüllung

___ sexuelle Erfüllung/Intimität

___ Familie/ meinem Erbe treu sein

___ Charakter/mir selbst treu sein

___ meine „Berufung" entdeckt

___ ______________________

 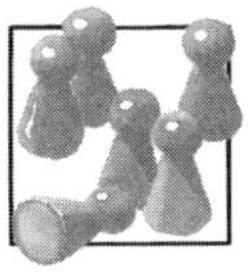  

„I am the sunshine of my life"

Stellen Sie heute einmal ein „Sonnenschein"-Bild von sich selbst vor:

Meine beste Eigenschaft ist

____

Ich mag an meinem Aussehen

____

(Nennen Sie zwei Dinge, die Sie an Ihrem Aussehen mögen).

Ich sorge dafür, daß es mir gut geht, indem ich

____

(Was tun Sie für Ihr inneres und äußeres Gleichgewicht?)

In meinem Beruf bin ich besonders gefragt, wenn es um

______________________________ *geht.*

(Was liegt Ihnen ganz besonders?)

In einer Beziehung ist mein Beitrag vor allem

____

(Was tragen Sie dazu bei, Freundschaften und Beziehungen aufrechtzuerhalten?)

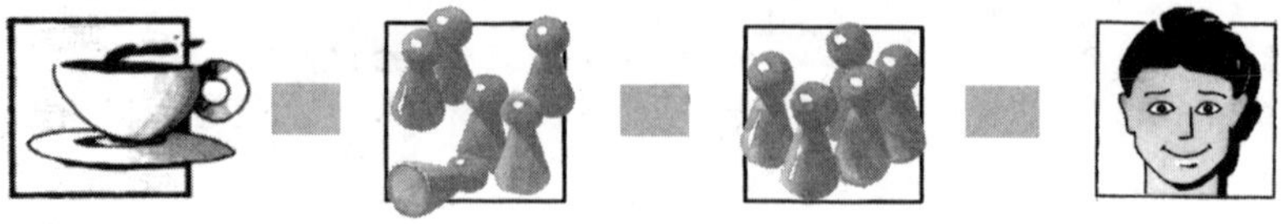

Mogelpackung

Das folgende kleine Spiel soll wieder dazu dienen, etwas aus Ihrem Leben zu erzählen. Jede/r muß bei der Ergänzung der fünf Sätze viermal die Wahrheit sagen und einmal lügen (natürlich mit Unschuldsmiene). Jede/r aus der Runde gibt dann einen Tip ab, welche der fünf Aussagen falsch war. Anschließend wird die richtige Antwort nachgeliefert.

1. Als ich sieben war, war mein Lieblingsspiel ...

2. Mit zwölf war mein größter Held/meine größte Heldin ...

3. Mit sechzehn ging mir nichts über die Musik von ...

4. Als ich achtzehn war, wollte ich unbedingt ... werden.

5. Augenblicklich ist meine Lieblings-Freizeitbeschäftigung ...

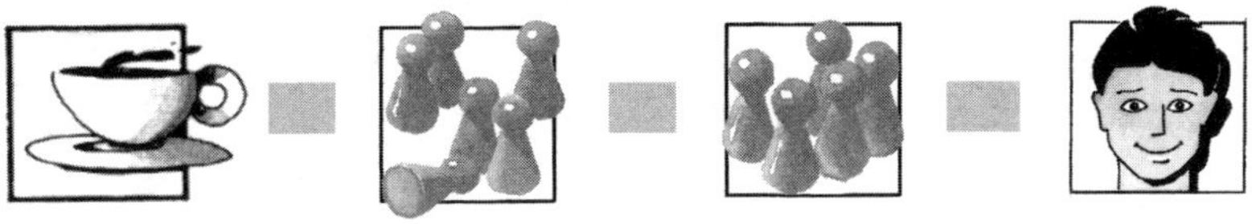

Robinson Crusoe

Stellen Sie sich vor, Sie müßten (oder dürften?) ein Jahr lang wie Robinson Crusoe auf einer einsamen Insel leben. Neben Nahrung und Kleidung dürfen Sie drei der folgenden Dinge mitnehmen. Was würden Sie auswählen. Wen hätten Sie gern als „Freitag“ bei sich?

- ❑ Golfschläger
- ❑ Gewehr
- ❑ Kiste voller Romane
- ❑ Jeep
- ❑ Bibel
- ❑ Bücher über das Leben in der Natur
- ❑ Surfbrett
- ❑ Batteriebetriebenes Fernsehgerät
- ❑ Erste Hilfe-Koffer
- ❑ Bücher über tropische Pflanzen und Tiere
- ❑ Sportausrüstung
- ❑ Kartenspiel
- ❑ Handy
- ❑ ______________________________

Mein „Freitag“ wäre ____

weil er/sie ____

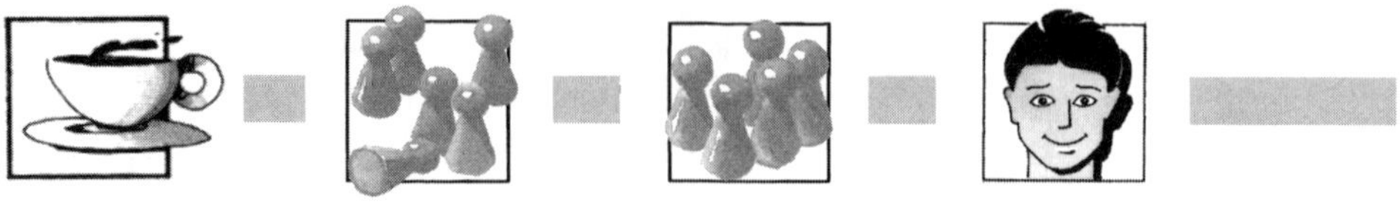

Versteigerung (2)

Wählen Sie jemanden zum Auktionsleiter (am besten jemanden, der/die gewisse Fähigkeiten für den Job des „Billigen Jakob" mitbringt). Jede/r Anwesende hat insgesamt DM 1.000,- zur Verfügung. Begonnen wird jeweils mit einem Grundgebot von DM 50,-. Jede/r muß bei jedem Posten mitbieten, auch der Auktionsleiter. Tragen Sie unten jeweils die Höhe des Zuschlages und den Namen des Käufers ein.

Zuschlag bei		geht an :
DM ______	Wöchentlich ein Abend ganz zu meiner Verfügung	____________
DM ______	Teilnahmekarten für die Oscar-Verleihung	____________
DM ______	Das schnellste Auto in der ganzen Stadt	____________
DM ______	Ein Jahr lang keine Widerworte von den Kindern	____________
DM ______	Ein Monat kostenloser Winterurlaub in Davos	____________
DM ______	Ein Jahresabonnement für die Philharmonie/Theater	____________
DM ______	Die neuste Kollektion von Christian Dior oder Joop	____________
DM ______	Einmonatiger Aufenthalt auf einer Schönheitsfarm	____________
DM ______	Ein Original-Ölgemälde	____________
DM ______	Kostenloser Familienurlaub in Euro-Disney	____________
DM ______	Ein Jahr lang Frühstück im Bett	____________

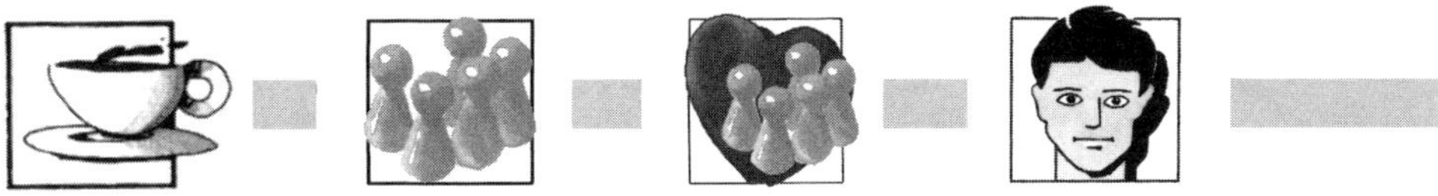

Wie spät ist es?

Wenn Sie sich Ihr Leben als einen Tag vorstellen – wie spät ist es gearde auf Ihrer Lebensuhr? Zeichnen Sie die Zeiger entsprechend in die Uhr ein und beantworten Sie die darunterstehenden Fragen.
Wenn alle fertig sind, tauschen Sie sich in der Gruppe darüber aus, was jede/r herausgefunden hat.

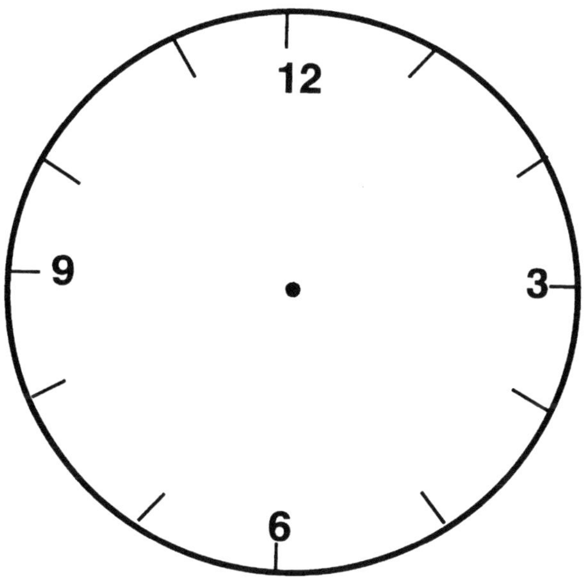

Es ist höchste Zeit für …

Es ist zu spät für …

Wenn es ______________ Uhr ist, werde ich …

Wenn ich die Zeit zurückdrehen könnte, würde ich zu ____________________________ zurückkehren.

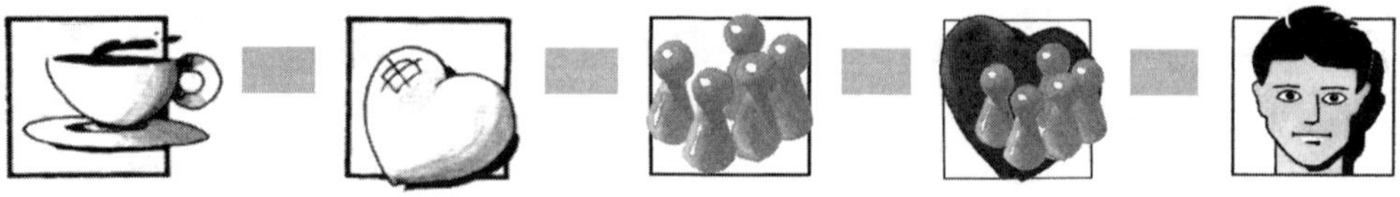

Menschen, die mich beeindruckt haben

Es gibt Menschen, die uns mehr bedeuten als andere. Manche haben einen besonders guten und hilfreichen Einfluß in unserem Leben. Unten finden Sie eine Liste verschiedener „Typen". Welcher dieser Typen (in konkreter Gestalt) hat Ihnen sehr viel bedeutet oder war Ihnen eine Hilfe? Inwiefern? Schreiben Sie ggf. konkrete Namen von Menschen auf, die diesen Einfluß in Ihrem Leben ausüben oder ausgeübt haben.

______________ **Der Zuhörer.** Jemand, der stets ein offenes Ohr für mich hatte, ohne mich mit Ratschlägen zu bombardieren.

______________ **Der Mutmacher.** Jemand, der es verstand, mir die Dinge von ihrer positiven Seite vor Augen zu stellen.

______________ **Der Gebetspartner.** Jemand, zu dem ich so viel Vertrauen habe, daß ich mit ihm gemeinsam beten kann.

______________ **Das Vorbild.** Ein Mensch, der meine eigenen Vorstellungen davon, wie ich einmal sein will, stark geprägt hat.

______________ **Der Begeisternde.** Jemand, der mein Herz höher schlagen läßt und mich wieder davon zu überzeugen vermag, daß Gott schon weiß, was er tut.

______________ **Der Herausforderer.** Der besondere Mensch, der die besten Seiten in mir hervorlockt, von denen ich selbst gar nichts ahnte.

______________ **Der ehrliche Freund.** Ein Mensch, der mich genug liebt, um mir Dinge zu sagen, die ich vielleicht nicht hören möchte.

______________ **Der Mentor.** Einer jener Menschen, der mich „unter seine Fittiche" nimmt und mich auf meinem Lebensweg mit Rat und Tat begleitet.

______________ **Der Tröster.** Der Mensch, der mir wieder Zuversicht gibt, wenn das Leben außer Kontrolle gerät.

______________ **Der Spielkamerad.** Jemand, mit dem ich jederzeit Spaß haben kann und der das Kind in mir hervorlockt.

______________ **Der „Traumbegleiter".** Jener besondere Mensch, der mir zuhört, wenn ich von meinen Träumen berichte, und sie ernst nimmt.

Wenn Sie diesen Impuls am Ende eines Treffens verwenden, kann daraus eine Erfahrung gegenseitiger Ermutigung werden. Tragen Sie anstelle der Namen, die Sie tatsächlich mit den verschiedenen Rollen in Verbindung bringen, nun Namen von Gruppenmitgliedern ein, von denen Sie den Eindruck haben, daß sie die beschriebene Rolle für Sie erfüllen könnten. Anschließend tauschen Sie aus, was Sie aneinander entdeckt haben.

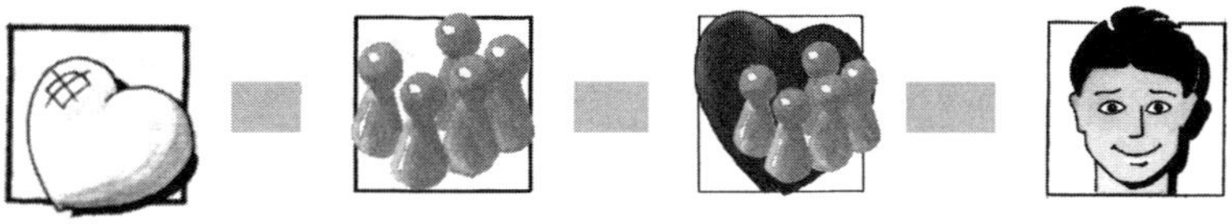

Zoobesuch

Dieser etwas spielerische Impuls eignet sich für Gruppen, die eine etwas längere gemeinsame Geschichte haben. Es ist gut, immer wieder einmal eine Zwischenbilanz zu ziehen und sich bewußt zu machen, wo jede/r einzelne gerade steht.
Diese Übung kann auch Gruppen, die sich demnächst auflösen wollen, helfen, einen Rückblick vorzubereiten.
Wie würden Sie Ihre Erfahrungen in dieser Gruppe zusammenfassen? Wählen Sie eine der folgenden „tierischen" Umschreibungen, die am besten wiedergibt, was die Gruppe Ihnen bedeutet oder bedeutet hat. Wenn nichts paßt, erfinden Sie Ihre eigene „Spezies".

STEINADLER: Die Gruppe hat mir geholfen, als ich mich flügellahm fühlte, und mir gezeigt, daß ich ja wieder fliegen kann.

GIRAFFE: Ich habe in dieser Gruppe wieder gelernt, den Kopf zu heben und sogar über die Zäune und Mauern zu schauen, die ich selbst gebaut hatte.

DELPHIN: Ich habe meine Freiheit neu entdeckt und gelernt, wie weit das Meer ist, in dem ich mich tummeln kann.

PFAU: Ihr habt mir die Augen dafür geöffnet, wie farbenfroh mein Leben ist; und ich fange langsam an, es selbst zu glauben und mich darüber zu freuen.

ELEFANT: Ich habe das gemeinsame Abenteuer genossen und werde es nicht vergessen. Außerdem freue ich mich schon auf die nächste Safari ...

HIPPO: Diese Gruppe war für mich wie ein ausgiebiges Bad im Sonnenschein der Liebe Gottes.

LEOPARD: Die Gruppe hat mir geholfen, mich selbst einmal genau anzusehen und die Flecken auf meinem Fell zu erkennen; und dann auch noch zu lernen, daß es völlig in Ordnung ist, Flecken im Fell zu haben.

TANZBÄR: Ich habe hier gelernt, trotz des Schmerzes zu tanzen und sogar noch die Tatzen auszustrecken und eine Umarmung zu riskieren.

LÖWE: Für mich war es wichtig, daß ich von meinem einsamen Felsen herunterkommen und mich im Gras wälzen konnte, ohne mir Sorgen um meine Mähne zu machen.

STOCKENTE: Ich habe hier wieder gelernt, mich am Leben zu freuen, auch bei stürmischem Wetter, und im Regen zu singen.

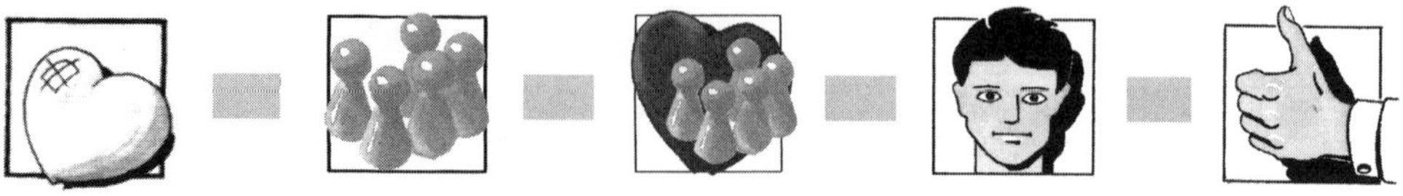

Drei Wünsche frei

Wählen Sie aus der Liste unten die drei Dinge aus, die Sie im Moment am meisten brauchen. Wenn Sie wollen, teilen Sie den anderen mit, was Sie ausgewählt haben.

Wenn Sie in Ihrer Gruppe gemeinsam beten, können Sie diesen Baustein auch als Einleitung für das gemeinsame Gebet benutzen. Die Anliegen, die so zur Sprache kommen, werden dann im Gebet aufgenommen.

Vitalität
Zärtlichkeit
eine neue Chance
Selbstbewußtsein
Kraft
Durchblick
Sicherheit
Loslassen-Können
Hingabe
Abwechslung
ein klares Ziel
Verantwortung
Unterstützung
Vertrauen
Schlaf
Gesundheit
Konfliktbereitschaft
Gelassenheit
gute Freunde
Freude
Selbstvertrauen

Entspannung
Glauben
Aktivität
Lebensmut
Stille und Meditation
einen guten Rat
Gespräch
Fürsorge
verbindliches Engagement
Vergebung
Freiheit
Entschlußkraft
Nahrung für die Seele
Trost
Großmut
Fingerspitzengefühl
Heiterkeit
Realismus
Glauben
eine Struktur für mein Leben
Nähe

eine glückliche Fügung
Anerkennung
Phantasie
Anteilnahme
Hoffnung
Gemeinschaft
seelisches Gleichgewicht
Musik
Romantik
Selbstbeherrschung
Mut
Fitneß
Herausforderung
Selbstachtung
ein schönes Fest
meine Ruhe
Risikobereitschaft
Humor
Rückhalt
Geborgenheit
Geduld

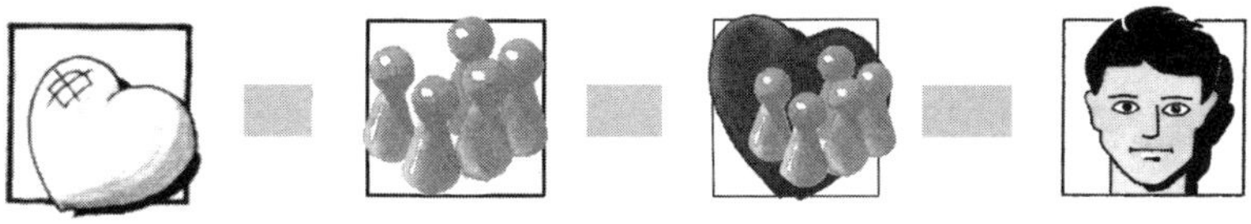

Verbindlich werden

Unsere Gesellschaft ist geprägt durch Individualismus und Vereinzelung. Das wirkt sich häufig auch auf die Art und Weise aus, wie wir unseren Glauben leben. Wir lassen uns da nicht gern in die Karten schauen. Aber damit bringen wir uns um eine Chance persönlichen Wachstums.
Eine Kleingruppe bietet die Gelegenheit, persönliche Verbindlichkeit einzuüben und zu erleben, was sich dadurch tatsächlich in unserem Leben ändert. Der Glaube gewinnt Bodenhaftung.

Die folgenden Vorschläge sind als Anregungen gedacht, die Ihnen helfen, konkrete Entscheidungen für Ihren Alltag zu treffen. Sie können zu Beginn eine hilfreiche Orientierung sein, aber ggf. werden Sie bald über die hier genannten Punkte hinausgehen. Achten Sie aber darauf, daß Ihre Vorsätze wirklich konkret sind. Sehr allgemeine Entschlüsse bleiben im allgemeinen folgenlos.

Wenn Sie in der Gruppe über Ihre persönlichen Wünsche nach Veränderung sprechen, werden zwei Dinge möglich:

1. Die Fürbitte füreinander wird konkret.

2. Sie erfahren Anteilnahme, Unterstützung oder auch mal kritisches Nachfragen, das Ihnen hilft, „bei der Stange zu bleiben".

Für ein solches Gespräch ist es besonders wichtig, auf zwei Regeln deutlich hinzuweisen:

1. Jeder sagt nur das, was er wirklich mitteilen möchte. Jeder ist frei, das Wort weiterzugeben, wenn er sich nicht äußern möchte.

2. Alles, was hier gesagt wird, wird vertraulich behandelt.

Persönliches Glaubensleben: Ich werde mir mehr Zeit nehmen für Gebet und Bibellese, und zwar (wann) ______________________________

Fürbitte: Ich werde in der kommenden Woche konkret beten für ______________

Beziehungen: In der Begegnung mit ______________________________
will ich in der nächsten Woche besonders darauf achten,

____

Fehler erkennen: Ich sehe, daß ich im Blick auf ______________________
immer wieder in schlechte Gewohnheiten zurückfalle. Ich kann ______________
______________________________________ um mich von
dieser „Lieblingssünde" zu trennen.

Finanzen: Ich werde meine finanzielle Unterstützung für ______________
erhöhen/überprüfen.

Beruf: Im Umgang mit meinen Kollegen werde ich nächste Woche besonders

____

Familie: Ich werde mit meiner Familie/meinen Kindern etwas Besonderes unternehmen, um den Kontakt mit Ihnen und das Gespräch zu vertiefen.

Probleme: Mit ______________________ (momentan schwierige Situation) will ich so umgehen: ______________________________________

Dankbarkeit: Ich will mir jeden Abend bewußt machen, was mir an diesem Tag an Gutem begegnet ist, und dafür danken.

Wachstum im Glauben: Das Thema, das mich zur Zeit bewegt, ist ______________
Ich will folgende Schritte tun, um ______________________________
(einem Ziel) näherzukommen.

Engagement: Ich glaube, Gott legt mir ____________________ (eine konkrete Aufgabe) vor die Füße. Ich will ______________________________

Charakter: In der kommenden Woche werde ich mich besonders darin üben,

____

Nächstenliebe: In folgenden Situationen sehe ich Gelegenheiten, konkret Liebe zu üben: ______________________________________

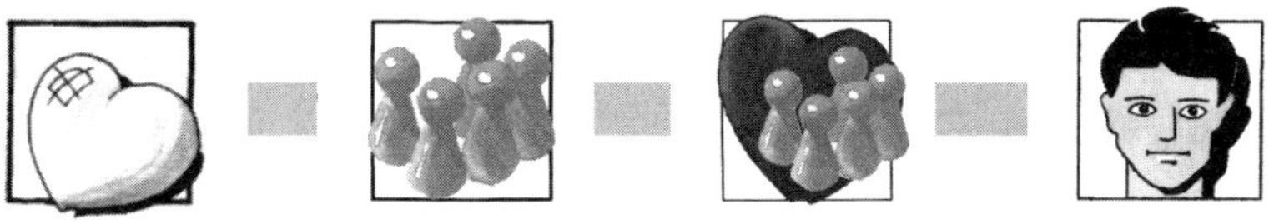

Nur vier einfache Fragen

Dieser Vorschlag geht zurück auf eine alte Tradition bei den Quäkern. Er kann mehr Zeit beanspruchen, als man vorher vermutet. Es gibt Gruppen, die 30 Minuten oder sogar eine Stunde gebraucht haben, um sich über diese Fragen auszutauschen. Beantworten Sie reihum folgende Fragen, und zwar alle zunächst die erste Frage, dann die zweite usw.

- ❑ Wo haben Sie zwischen Ihrem siebten und zwölften Lebensjahr gelebt, und wie sahen die Winter damals aus?

- ❑ Wie wurde Ihr Elternhaus zu dieser Zeit beheizt?

- ❑ Was war für Sie eine „Wärmequelle“ in Ihrem Leben als Kind? (Es könnte ein Platz in Ihrer Wohnung, eine Jahreszeit, eine Person o. ä. gewesen sein.)

- ❑ Wann wurde Gott für Sie zu einer „Wärmequelle“, und wie ist das geschehen?

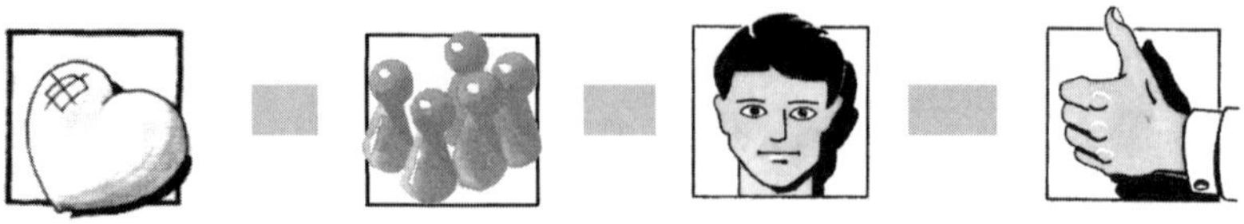

Wunsch und Wirklichkeit

Beschreiben Sie einige Aspekte Ihres Lebens – einmal so, wie Sie sie wirklich erleben, und dann so, wie Sie sich den Idealzustand vorstellen.

Wenn Sie diese Frage am Ende eines Treffens stellen, können Sie das Gespräch ausweiten. Haben Sie eine Vorstellung davon, was Ihnen helfen könnte, dem Ideal einen Schritt näher zu kommen? Beten Sie anschließend füreinander und für die Schritte, die Sie sich vorgenommen haben.

	WIRKLICHKEIT	WUNSCH
FAMILIE/ BEZIEHUNGEN		
GESUNDHEIT		
SPIRITUALITÄT/ GLAUBE		
BERUF		
LIEBE		
INTERESSEN/ GABEN		

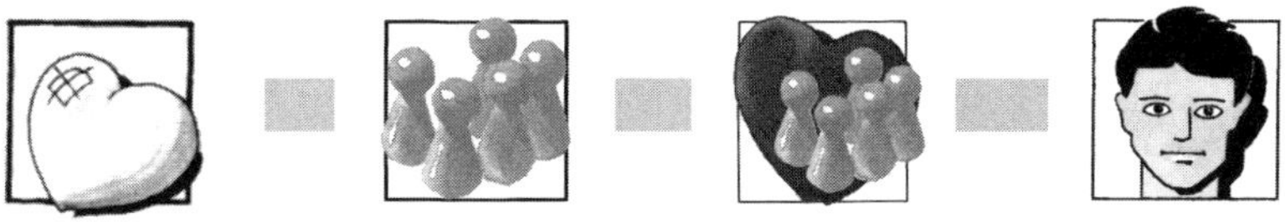

Standortbestimmung in Sachen Glauben (1)

In diesem Gesprächsvorschlag geht es nicht darum, „richtige" Antworten zu geben. Vielmehr soll er dazu dienen, daß Sie sich selbst und den anderen einmal eine Bestandsaufnahme Ihrer persönlichen Einsichten und Haltungen in Glaubensfragen vor Augen führen. Es ist durchaus möglich, daß Sie mehr als einer der vorgeschlagenen Antworten zustimmen. Oder Sie haben ganz andere Vorstellungen als die, die hier vorgeschlagen werden. Fühlen Sie sich frei, das zu äußern, was Sie wirklich denken oder empfinden.

Wenn alle Teilnehmer sich auf Offenheit in diesem Gespräch einlassen, entwickelt sich erfahrungsgemäß ein Austausch, der für alle Beteiligten bereichernd ist und die Gruppe als Ganze in ihrem Glaubensweg vorwärtsbringt.

Beten ist für mich ...

❑ lebenswichtig
❑ die Verbindung zu Gott
❑ kindliches Wunschdenken
❑ eine Art Selbstbeeinflussung
❑ schwierig
❑ ____________________
❑ ein Weg zur Seelenhygiene
❑ Magie
❑ Hören auf das, was Gott sagt
❑ der „Atem" meines Glaubens
❑ die Kraftquelle für meinen Alltag
❑ ____________________

Jesus ist für mich in erster Linie ...

❑ ein vorbildlicher Mensch
❑ ein Wundertäter
❑ ein Mensch, der Gott kannte
❑ die Chance, Gott zu begegnen
❑ ein echtes Gegenüber
❑ der Erlöser der Welt
❑ ____________________
❑ ein mutiger Mensch
❑ der, dem ich mein Leben anvertraue
❑ ein „Erleuchteter"
❑ eine Art religiöses Urbild
❑ religiös überspannt
❑ Gott in Menschengestalt
❑ ____________________

Zum Stichwort „Kirche" fällt mir ein: ...

❑ eine Heimat für mich
❑ zu schwerfällig und traditionell
❑ festliche, schöne Gottesdienste
❑ kompliziert mit all diesen vielen verschiedenen Konfessionen
❑ der Ort, wo ich Gott begegne
❑ eine einzige Unheilsgeschichte
❑ ____________________
❑ hoffnungslos rückständig
❑ ein Ort der Gemeinschaft
❑ langweilig
❑ unverzichtbar, wenn mein Glaube lebendig bleiben soll
❑ Die wollen nur mein Geld.
❑ eine Segensgeschichte
❑ ____________________

Wenn ich in einem Satz beschreiben sollte, was der Glaube mir bedeutet, würde ich sagen: ____

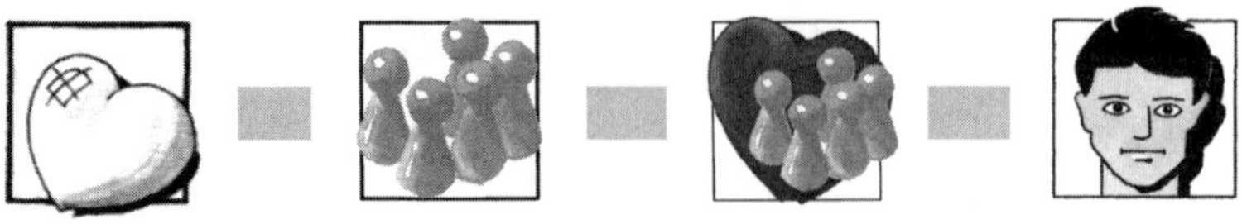

Standortbestimmung in Sachen Glauben (2)

Noch einige Fragen, die ein Gespräch über Ihre Fragen und Erkenntnisse mit dem Glauben ermöglichen (s. auch S. 83). Fühlen Sie sich frei dazu, das zu äußern, was Sie wirklich denken oder empfinden.
Wenn alle Teilnehmer sich auf Offenheit in diesem Gespräch einlassen, entwickelt sich erfahrungsgemäß ein Austausch, der für alle Beteiligten bereichernd ist und die Gruppe als Ganze in ihrem Glaubensweg vorwärtsbringt.

Glaube ist für mich wie …

- ❑ ein Fundament
- ❑ ein vertrautes Gebäude
- ❑ ein Buch mit 7 Siegeln
- ❑ ein unendliches Labyrinth
- ❑ ein faszinierendes Geheimnis
- ❑ eine erfrischende Quelle
- ❑ eine Wüstenwanderung
- ❑ ein schützendes Zelt
- ❑ ein weites Panorama
- ❑ ein Kampf mit einem überlegenen Feind
- ❑ ein verborgener Schatz
- ❑ eine wertvolle Freundschaft
- ❑ ______________________________

Die Bibel ist …

- ❑ schwer zu verstehen
- ❑ der Schlüssel zum Leben
- ❑ voll von Gewalt
- ❑ altmodisch
- ❑ überraschend aktuell
- ❑ zu dick
- ❑ mein Bezugspunkt
- ❑ eine Quelle der Hoffnung
- ❑ revolutionär
- ❑ utopisch
- ❑ die Chance, Gott zu begegnen
- ❑ schwer zu verwirklichen
- ❑ ______________________________

Paulus nennt die Botschaft vom Kreuzestod Jesu den Kern des Evangeliums. Was empfinden Sie, wenn Sie an das Kreuz denken?

- ❑ Dankbarkeit
- ❑ Irritation
- ❑ Abwehr
- ❑ Skepsis
- ❑ Freude
- ❑ Nichts Besonderes
- ❑ Liebe zu Christus
- ❑ Hoffnung
- ❑ Erleichterung
- ❑ Demut
- ❑ den Wunsch, zu verstehen
- ❑ Wieso gerade das Kreuz?
- ❑ Staunen über die Weisheit Gottes
- ❑ ____

„Glauben kann man nicht allein. Man braucht die Gemeinschaft." Was ist Ihre spontane Reaktion auf diesen Satz?

- ❑ Wieso?
- ❑ Das ist auch gut so
- ❑ Stimmt genau.
- ❑ Glaube ist Privatsache und geht nur mich selbst etwas an.
- ❑ Ich könnte ganz gut auf die anderen mit ihren kleinlichen Bedenken oder großen Ansprüchen verzichten.
- ❑ Ich bin froh, daß ich nicht allein auf diesem Weg unterwegs bin.
- ❑ Allein gehst du ein.
- ❑ ____

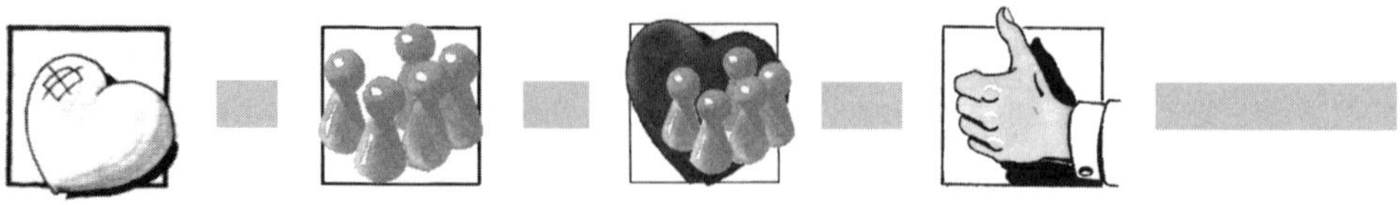

Schatzkiste

Geschenke sind eine großartige Möglichkeit, Zuneigung und Wertschätzung zum Ausdruck zu bringen. Welche Rolle spielen Geschenke in Ihrem Leben? Beantworten Sie die folgenden Fragen zunächst für sich selbst. Wenn genügend Zeit zur Verfügung steht, können Sie gegenseitig von Ihren Entdeckungen berichten.

Das schönste Geschenk, das ich bisher bekommen habe, war ____________________

Das schönste Geschenk, das ich jemals verschenkt habe: ____________________

Wenn ich etwas geschenkt bekomme, fühle ich mich ____________________

Wenn ich selbst etwas verschenke, fühle ich mich ____________________

Anschließend haben Sie Gelegenheit, jemandem aus Ihrer Gruppe ein Geschenk zu machen.
Überlegen Sie sich, wem Sie etwas schenken möchten. Ihrer Phantasie sind jetzt keine Grenzen gesetzt. Schreiben Sie den Namen von Empfänger und Absender auf das Schild und vergessen Sie nicht, auf das Päckchen zu schreiben, was es enthält.

Vorbereitungs-Tip: Am einfachsten läßt sich die Geschenkaktion am Schluß durchführen, wenn der Gruppenleiter Geschenkpäckchen vorbereitet hat, z.B. aus Tonpapier (vgl. Kopiervorlage Zeichnung unten).

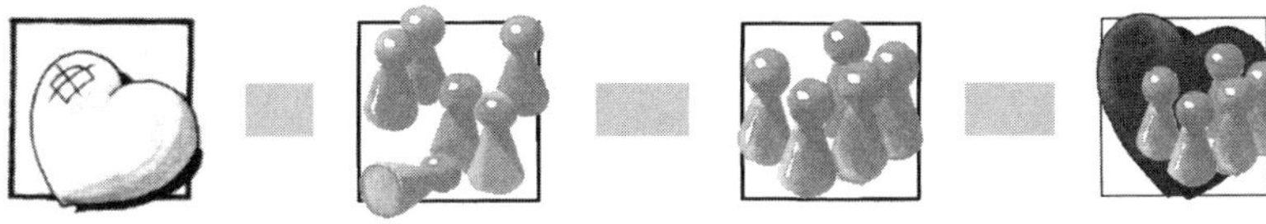

Auch mal an sich selbst denken

Wer so redet, ist kein hemmungsloser Egoist. So, wie wir für unsere Kinder und die Familie sorgen, gibt es auch eine notwendige Sorge für sich selbst. Nur wer sich selbst eine Freude machen kann, kann auch wieder ganz für andere da sein. Welche der folgenden Möglichkeiten wäre für Sie eine echte „Energie-Tankstelle"? Nehmen Sie sich einen konkreten Punkt für die kommende Woche vor – beim nächsten Treffen können Sie dann Bericht erstatten.

In der kommenden Woche will ich

- ❑ einmal zur Massage gehen
- ❑ meine Bücherregale/Schubladen/Schränke/Schreibtisch in Ordnung bringen
- ❑ mir endlich mal wieder was Neues zum Anziehen kaufen
- ❑ einmal richtig gut essen gehen
- ❑ ein paar stille Tage verbringen
- ❑ mir jeden Tag Zeit nehmen zum Beten
- ❑ einmal wieder ________ km joggen
- ❑ ein paar Stunden im Schwimmbad in der Sonne liegen
- ❑ mir eine Freundin/einen Freund schnappen und etwas tun, was ich mir schon immer gewünscht habe
- ❑ mir einen riesigen Blumenstrauß kaufen
- ❑ einmal richtig ausschlafen
- ❑ es einmal ohne Zigaretten/Fernsehen/Fast Food versuchen
- ❑ ____

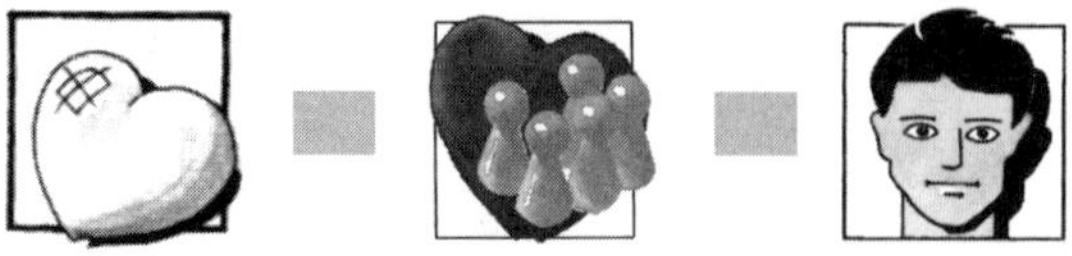

Glaubensbekenntnis ganz persönlich

Dieser Vorschlag ist geeignet für Gruppen, die schon ein gutes Stück miteinander auf dem Weg sind und in denen die Teilnehmer/innen sich bereits relativ gut kennen. Ein Gespräch über die ganz persönlichen Glaubenserfahrungen setzt voraus, daß ein Rahmen gegenseitigen Vertrauens, die Bereitschaft zur Offenheit und die Vereinbarung von Vertraulichkeit in der Gruppe besteht.

1. Wie würden Sie etwa in einem Brief an einen guten Freund Jesus und seine Bedeutung beschreiben? Wenn Sie wollen, lesen Sie dieses persönliche „Glaubensbekenntnis" Ihrem Nachbarn/Nachbarin oder der ganzen Gruppe vor.

2. Vervollständigen Sie den folgenden Satz im Blick auf ein oder zwei Schwierigkeiten, die Sie augenblicklich in Sachen Glauben haben. „Ich hoffe und vertraue darauf, daß Gott ..."

Suchen Sie – einzeln oder in Zweiergruppen – nach Teilschritten, die Ihnen helfen, an diesem Glauben festzuhalten und in der Nachfolge Jesu voranzukommen. Überfordern Sie sich nicht mit zu großen Teilzielen, sondern gehen Sie langsam voran.

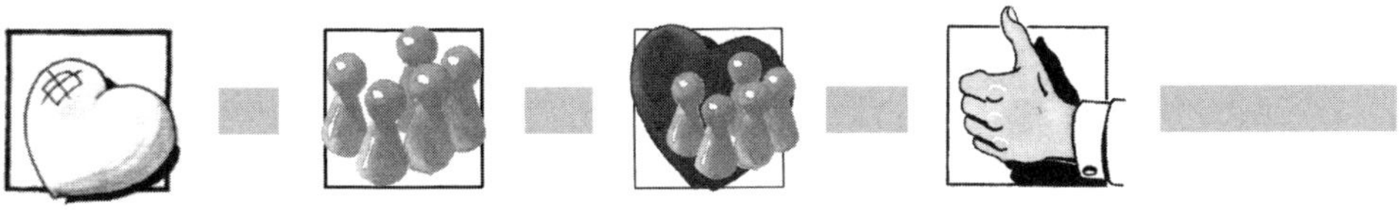

Das Gute weitergeben

Sicher haben Sie durch die Mitglieder Ihrer Gruppe schon viel Gutes erfahren. Jetzt haben Sie die Möglichkeit, auszusprechen, wodurch Sie bereichert wurden, und Ihren Dank dafür auszudrücken.
Das kann in verschiedener Weise geschehen. Sie können Ihrem Nachbarn zur Rechten oder Linken (oder beiden) sagen, was Sie an Gutem durch ihn/sie erfahren haben. Oder jeder sagt reihum jedem etwas, was ihm bei dem Betreffenden gefallen hat.
Die zweite Möglichkeit bietet sich für eine Gruppe an, die sich als Gruppe demnächst trennt oder auflöst.
Einige Anregungen, die Sie in Ihren eigenen Überlegungen unterstützen wollen:

- ❑ Mich hat kürzlich sehr getröstet, als du davon erzählt hast, wie …
- ❑ An dir beeindruckt mich am meisten …
- ❑ Du hast einen Wesenszug, den ich gern selbst bei mir fördern würde, nämlich …
- ❑ Ich bewundere deine Art, mit Menschen umzugehen.
- ❑ An deinem Glauben mag ich besonders …
- ❑ Um dich zu beschreiben, würde ich drei der folgenden Worte wählen …

liebevoll	aktiv	abenteuerlustig
wach	selbstsicher	rücksichtsvoll
kreativ	ermutigend	gutherzig
hilfreich	echt	ehrlich
ansteckend	begeisternd	treu
offen	produktiv	bodenständig
gerecht	risikofreudig	sensibel
spontan	nachdenklich	tolerant
verletzlich	warmherzig	geduldig
____________	____________	____________

Danke!

Es gibt so vieles, was unser Leben bereichert, was es schön und lebenswert macht. Was ist das in Ihrem Leben? Tragen Sie einmal zusammen, wieviele „gute Gaben" Sie entdecken.

Ich bin dankbar für:

- ❑ Meine Familie
- ❑ Zukunft
- ❑ Haus/Wohnung
- ❑ Schule
- ❑ Verstand
- ❑ Tiere
- ❑ Glauben
- ❑ Ausbildung
- ❑ Kreativität
- ❑ Freunde
- ❑ Erinnerungen
- ❑ Aussehen
- ❑ ____________________

- ❑ Nachbarn
- ❑ Gemeinde
- ❑ Berufung
- ❑ Charakter
- ❑ Weisheit
- ❑ Gefühle
- ❑ Leistungen
- ❑ Geistesgaben
- ❑ Arbeit
- ❑ Gesundheit
- ❑ Talente
- ❑ Auto
- ❑ ____________________

Wählen Sie einen der folgenden Bibelverse aus. Nun sagen Sie den anderen, wofür Sie dankbar sind und warum, und lesen den Vers vor, den Sie sich ausgesucht haben.

Preist den Herrn, und ruft seinen Namen aus, verkündet seine großen Taten allen Völkern! Preist den Herrn, denn er ist gut, und seine Gnade hört niemals auf.
1. Chronik 16,8.34

Den Herrn will ich loben, denn er sorgt für mein Recht. Ihm, dem höchsten Gott, will ich ein Danklied singen! Psalm 7,18

Sie sollen den Herrn preisen für seine Gnade und für seine Wunder, die er uns Menschen erleben läßt. Aus Dank sollen sie ihm Opfergaben bringen und voll Freude von seinen Taten erzählen! Psalm 107,21.22

Ich will den Herrn von ganzem Herzen loben, alles in mir soll seinen heiligen Namen preisen! Ich will den Herrn loben und nie vergessen, wieviel Gutes er mir getan hat.
Psalm 103,1.2

Macht euch keine Sorgen! Ihr dürft Gott um alles bitten. Sagt ihm, was euch fehlt, und dankt ihm! Philipper 4,6

Ihr habt wirklich allen Grund, Gott, dem Vater, von ganzem Herzen dafür zu danken, daß ihr einmal mit allen anderen Christen bei ihm sein dürft, in seinem Reich des Lichts. Kolosser 1,12

Ich vertraue auf deine Liebe und juble darüber, daß du mich retten wirst. Mit meinem Lied will ich dich loben, denn du hast mir Gutes getan. Psalm 13,6

Herr, ich danke dir dafür, daß du mich so wunderbar und einzigartig gemacht hast! Großartig ist alles, was du geschaffen hast – das erkenne ich. Psalm 139,14

Beschließen Sie das heutige Treffen mit einem gemeinsamen Dankgebet für alles, was Sie an Gutem entdeckt haben.

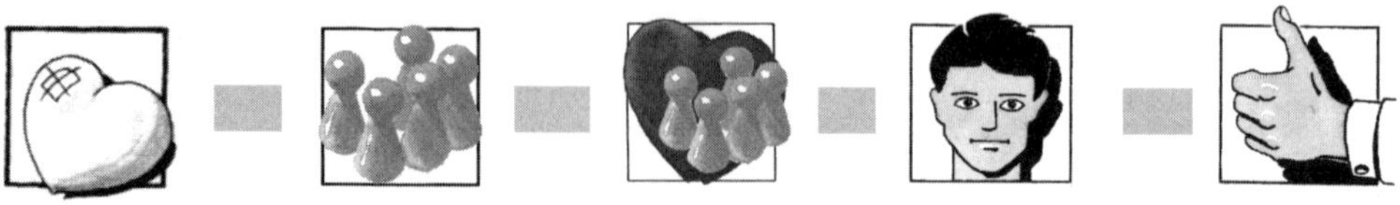

Gaben entdecken

Gott hat uns alle mit Gaben ausgestattet, damit wir sie zum Wohl aller einsetzen. Paulus beschreibt verschiedentlich in seinen Briefen die besonderen Gaben, die verschiedenen Menschen in der Gemeinde gegeben sind.
Wir sind manchmal blind dafür, unsere eigenen Gaben zu entdecken und immer wieder auf Bestätigung und Ermutigung durch andere angewiesen. Machen Sie sich ein paar Gedanken über die anderen in der Gruppe. Vielleicht sind Ihnen aneinander besondere Fähigkeiten aufgefallen. Ermutigen Sie sich gegenseitig, indem Sie kurz darauf hinweisen.

Name	Gabe
__________	**Prophetie.** Direkt, beherzt und kompromißlos. Reden, Denken und Handeln aus dem Blickwinkel Gottes. Findet immer wieder ein Wort, das in die Situation trifft und herausfordert (was sehr dringend gebraucht wird, aber auch gefährlich sein kann).
__________	**Dienst.** Praktisch, bedürfnisorientiert, einsatzfreudig und gewissenhaft. Findet Befriedigung darin, etwas gut erledigt oder einen Mangel beseitigt zu haben, unabhängig von Anerkennung.
__________	**Lehre.** Klare Begriffe, systematisches, logisches, strukturierendes Denken. Einsicht in biblische Wahrheiten und Zusammenhänge. Kann Erkenntnisse vermitteln und Theorie und Praxis verbinden.
__________	**Ermahnung/Trost.** Zielorientiert. Redet und handelt so, daß es andere zu Zielstrebigkeit, Ehrlichkeit und Hingabe anspornt. Kann gut motivieren, Ziele formulieren und sie mit anderen beharrlich verfolgen.
__________	**Haushalten/Verwalten.** Sachorientiert und strategisch. Fragt nach Wirkungen von Investitionen, behält den Überblick, erschließt Quellen, schafft „Reserven“ und nutzt sie weise.
__________	**Leitung.** Aufgabenorientiert, organisiert gerne, kann mit Entscheidungsgewalt umgehen, blüht unter Druck auf. Versteht es, an Aufgaben heranzuführen und für ihre Erledigung zu sorgen.
__________	**Barmherzigkeit.** Gefühlsorientiert, hochsensibel für Bedürfnisse, mitleidend, fürsorglich und entgegenkommend. Kann gut zuhören, ist zur Stelle, wenn jemand Hilfe braucht.

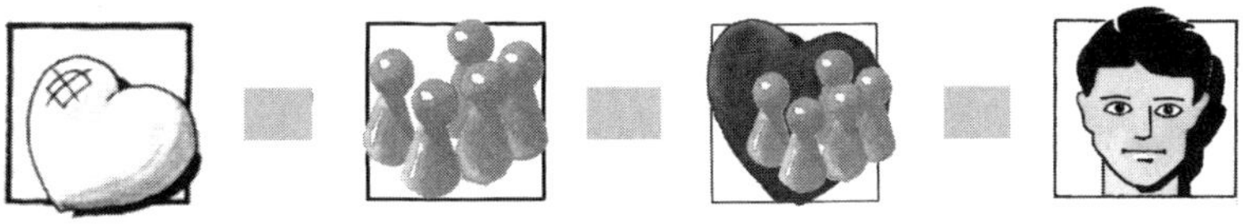

Lebenshaus-Inventur

Ziehen Sie ein paar Minuten Bilanz über Ihre augenblickliche Lebenssituation. Vergleichen Sie Ihre verschiedenen Lebensbereiche mit Zimmern eines Hauses. Benoten Sie den Zustand der einzelnen Zimmer und teilen Sie sich anschließend kurz mit, welches der beste und welches der unbefriedigendste Bereich Ihres Lebenshauses ist.

Noten:
1 = ausgezeichnet
2 = gut
3 = befriedigend, es müßte aber etwas Staub gewischt werden
4 = geht grad noch, muß aber demnächst dringend renoviert werden

________ **Bibliothek:** Der Raum des Denkens und Wollens. Hier geht man den Dingen auf den Grund und entwickelt Visionen.

________ **Eßzimmer:** Der Raum der Wünsche und Sehnsüchte. Hier gönnen Sie sich, was sie brauchen.

________ **Hauskapelle/Gebetsraum:** Hierhin ziehen Sie sich zurück, um mit Gott allein zu sein.

________ **Bastelkeller:** Hier setzen Sie die Ihnen von Gott gegebenen Talente und Fähigkeiten ein.

________ **Spielzimmer:** Der Raum der gesellschaftlichen Kontakte oder der privaten Entspannung.

________ **Rumpelkammer:** Der Bereich, den niemand zu sehen bekommt. Hier liegen Altlasten und Stolpersteine für Ihr Weiterkommen im Glauben.

________ **Wohnzimmer:** Hier sind Sie ganz Sie selbst, fühlen sich wohl und genießen das Zusammensein mit Familie und Freunden.

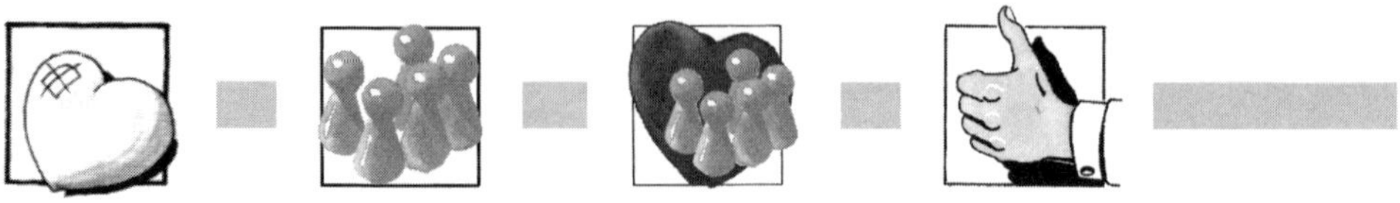

Ein Wort für mich

Wenn Sie sich aus den folgenden biblischen Zusagen zwei aussuchen könnten – eine als einen „Lebensvers" und eine andere für Ihre momentane Situation – welche würden Sie wählen? Lesen Sie die folgenden Worte durch, suchen Sie zwei aus, stellen Sie den anderen vor, welches Wort sie angesprochen hat. Vielleicht sagen Sie ein paar Worte dazu, warum Sie gerade diese Verse gewählt haben.

Bleibt nicht bei der Vergangenheit stehen! Schaut nach vorne, denn ich will etwas Neues tun! Es hat schon begonnen, habt ihr es nocht nicht gemerkt? Durch die Wüste will ich eine Straße bauen, Flüsse sollen in der öden Gegend fließen.
Jesaja 43,18-19

Die Güte des Herrn hat kein Ende, sein Erbarmen hört niemals auf, es ist jeden Morgen neu! Groß ist deine Treue, o Herr! Klagelieder 3,22-23

Merkst du es denn nicht? Noch stehe ich vor deiner Tür und klopfe an. Wer jetzt auf meine Stimme hört und mir die Tür öffnet, bei dem werde ich einkehren. Gemeinsam werden wir das Festmahl essen. Offenbarung 3,20

Gelobt sei Gott, der Vater unseres Herrn Jesus Christus! In seinem grenzenlosen Erbarmen hat er uns neues Leben geschenkt. Weil Jesus Christus von den Toten auferstanden ist, haben wir die Hoffnung auf ein neues, ewiges Leben 1. Petrus 1,3

Wir alle aber warten auf den neuen Himmel und die neue Erde, die Gott uns zugesagt hat. Wir warten auf diese neue Welt, in der es endlich Gerechtigkeit gibt.
2. Petrus 3,13

Der auf dem Thron saß, sagte: „Siehe, alles werde ich jetzt neu schaffen!" Und mich forderte er auf: „Schreibe auf, was ich dir sage, alles ist zuverlässig und wahr."
Offenbarung 21,5

Deshalb bin ich auch ganz sicher: Gott wird sein Werk, das er bei euch durch den Glauben begonnen hat, zu Ende führen wird, bis zu dem Tag, an dem Jesus Christus wiederkommt. Philipper 1,6

Rufe zu mir, dann will ich dir antworten und dir große und geheimnisvolle Dinge zeigen, von denen du nichts weißt. Jeremia 33,3

Er wird euch dafür alles schenken, was ihr braucht, ja mehr als das. So werdet ihr nicht nur selbst genug haben, sondern auch noch den anderen Gutes tun können.
2. Korinther 9,8

Ich vermag alles durch Christus, der mir Kraft und Stärke gibt. Philipper 4,13

Gehört jemand zu Christus, dann ist er ein neuer Mensch. Was vorher war, ist vergangen, etwas Neues hat begonnen. 2. Korinther 5,17

Das eine aber wissen wir: Wer Gott liebt, dem dient alles, aber auch wirklich alles zu seinem Heil; denn dazu hat Gott selbst ihn erwählt und berufen. Römer 8,28

Begreift ihr denn nicht? Oder habt ihr es nie gehört? Der Herr ist der ewige Gott. Er ist der Schöpfer der Erde – auch die entferntesten Länder hat er gemacht. Er wird weder müde noch kraftlos. Seine Weisheit ist unendlich tief. Den Erschöpften gibt er neue Kraft, und die Schwachen macht er stark. Selbst junge Menschen ermüden und werden kraftlos, starke Männder stolpern und brechen zusammen. Aber alle, die ihre Hoffnung auf den Herrn setzen, bekommen neue Kraft. Sie sind wie Adler, denen mächtige Schwingen wachsen. Sie gehen und werden nicht müde, sie laufen und sind nicht erschöpft. Jesaja 40,28-31

Bittet Gott, und er wird euch geben! Sucht, und ihr werdet finden! Klopft an, dann wird euch die Tür geöffnet! Denn wer bittet, der wird bekommen. Wer sucht, der findet. Und wer anklopft, dem wird geöffnet. Matthäus 7,7-8

Was also könnte uns von Christus und seiner Liebe trennen? Leiden und Angst vielleicht? Verfolgung? Hunger? Armut? Gefahr oder gewaltsamer Tod? Gewiß nicht! ... Ich bin ganz sicher: Weder Tod noch Leben, weder Engel noch Dämonen, weder Gegenwärtiges noch Zukünftiges, noch irgendwelche Gewalten, weder Himmel noch Hölle oder sonst irgend etwas können uns von der Liebe Gottes trennen, die er uns in Jesus Christus, unserem Herrn, bewiesen hat. Römer 8,35-38

Immer werde ich euch führen. Auch in der Wüste werde ich euch versorgen, ich gebe euch Gesundheit und Kraft. Ihr gleicht einem gut bewässerten Garten und einer Quelle, die nie versiegt. Jesaja 58,11

Aber jetzt sagt der Herr, der dich geschaffen hat: „Hab keine Angst, denn ich habe dich erlöst! Ich habe dich bei deinem Namen gerufen, du gehörst zu mir. Wenn du durch tiefes Wasser oder reißende Ströme gehen mußt – ich bin bei dir, du wirst nicht ertrinken. Und wenn du ins Feuer gerätst, bleibst du unversehrt. Keine Flamme wird dich verbrennen. Denn ich, der Herr, bin dein Gott, der heilige Gott Israels. Ich bin dein Retter." Jesaja 43,1-3

Jesus rief laut: „Wer Durst hat, der soll zu mir kommen und trinken! Wer an mich glaubt, wird erfahren, was die Heilige Schrift sagt: Wie ein Strom wird lebenschaffendes Wasser von ihm ausgehen." Johannes 7,37.38

Bittet Gott, und er wird euch geben! Sucht, und ihr werdet finden. Klopft an, dann wird euch die Tür geöffnet! Matthäus 7,7

In den Spuren Jesu

Als Christen sind wir dazu berufen, Jesus immer ähnlicher zu werden. Manchmal ist es nicht so einfach, diese Ähnlichkeit an sich selbst zu entdecken. Andere haben mitunter eine bessere Wahrnehmung.
Welche Eigenschaften Jesu erkennen Sie an anderen aus Ihrer Gruppe?
Wenn Sie als Gruppe bereits einige Zeit zusammen sind und sich ein wenig kennengelernt haben, können Sie sich gegenseitig ermutigen, indem Sie sich mitteilen, wie Sie die anderen auf diesem Weg in den Spuren Jesu erleben.
Nehmen Sie sich zunächst ein wenig Zeit, Ihre Beobachtungen zu notieren. Anschließend teilen Sie sich Ihre Entdeckungen mit. Nacheinander sagen alle aus der Gruppe jeweils einem Teilnehmer, was sie an ihm/ihr entdeckt haben – bis alle ein „Echo" bekommen haben.

Du bist ein wenig wie ...

- ❑ **der heilende Jesus.** Du kannst einen Finger so auf eine wunde Stelle legen, daß sie zu heilen beginnt.
- ❑ **Jesus, der Diener.** Es gibt wohl nichts, was du für einen anderen nicht tun würdest.
- ❑ **Jesus, der Prediger.** Wenn du über deinen Glauben sprichst, dann motiviert das; es fordert heraus und macht Mut.
- ❑ **Jesus, der Organisator.** Jesus kümmerte sich auch in ganz praktischen Belangen um seine Jünger. Du hast Geschick, Dinge in Gang zu bringen und sie zu Ende zu führen.
- ❑ **der überraschende Jesus.** Du tust und sagst Unerwartetes und bringst mich ins Staunen und Fragen über mich und Gott.
- ❑ **Jesus, der Lehrer.** Du kannst einen Bibeltext überzeugend und anschaulich vermitteln. Das erweckt in mir Glauben und Hoffnung.
- ❑ **Jesus, der Kritiker.** Du hast den Mut, zu sagen, was gesagt werden muß – auch wenn es unangenehm ist.
- ❑ **Jesus, der Leiter.** Du weißt, was du willst, und kannst Leute mitreißen.
- ❑ **der opferbereite Jesus.** Wie Jesus bist du bereit, alles zu Gottes Ehre einzusetzen.

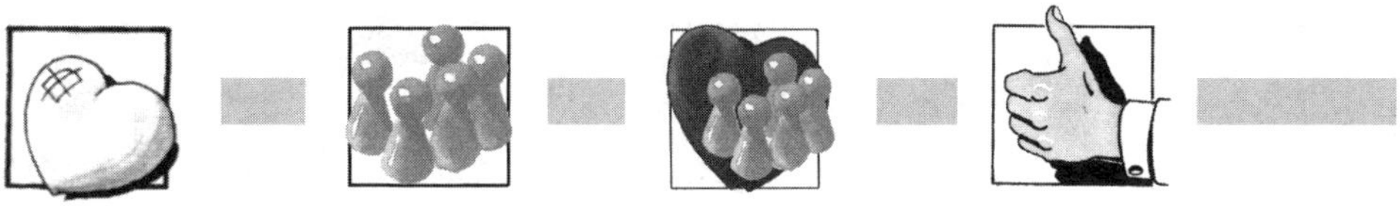

Du erinnerst mich an …

Schreiben Sie Ihren Namen auf einen Zettel und legen Sie den in einen Hut. Nun zieht jeder aus der Gruppe einen solchen Zettel, verrät den anderen aber nicht, welcher Name darauf steht. Jetzt wählen Sie eine berühmte Person aus, die Sie am ehesten mit der Person, deren Namen Sie gezogen haben, in Verbindung bringen können. Lesen Sie nun den Namen und die Beschreibung der von Ihnen gewählten berühmten Person, und lassen Sie die Gruppe erraten, wen Sie damit beschreiben wollen. Sie dürfen auch über die unten genannten Anregungen hinausgehen und ihre eigenen Vergleiche ziehen.

ALEXANDER DER GROSSE: Du erreichst anscheinend alles, was du dir vorgenommen hast!

KOLUMBUS: Du besitzt Abenteuergeist und entdeckst Gebiete, in die andere sich nicht vorwagen würden.

JOHANNA VON ORLEANS: Dein Glaube kommt in deinem Leben zum Ausdruck. Du bist bereit, auch Opfer für deinen Glauben zu bringen, und ermutigst damit auch andere.

RICHARD VON WEIZSÄCKER: Mit Sachkenntnis und Feingefühl bringst du Zukunftsweisendes zur Sprache; du hast einen Blick für das Ganze.

LADY DI: Du strahlst Lebensfreude aus und setzt dich voller Hingabe für andere ein.

MARTIN LUTHER KING: Du hast einen aufmerksamen Blick für Menschen, die in ihrer Würde verletzt sind, die Liebe und Unterstützung brauchen.

COCO CHANEL: Du bist ein lebendiges Beispiel für Eleganz, Stil und Kreativität.

MUTTER TERESA: Du setzt dein Leben für andere ein und hast schon viele zu einem Leben in der Hingabe an Gott ermutigt.

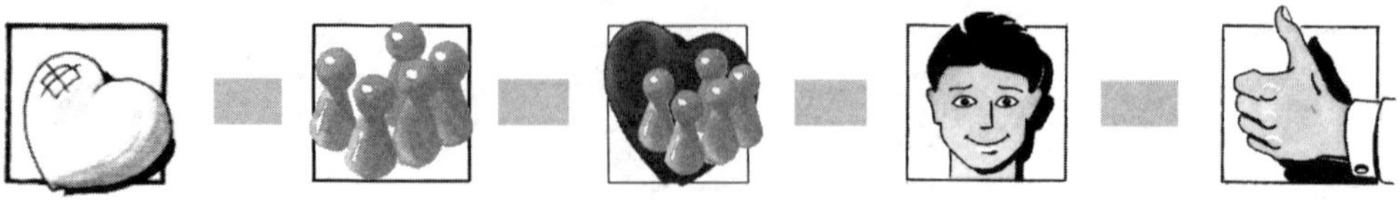

Starke Seiten

Sie haben sich bereits ein wenig kennengelernt und können sich sicher auch ein Bild von den Begabungen der einzelnen Teilnehmer/innen machen. Zumeist bemerkt man ja zuerst die Schwächen (an sich und an anderen). Heute können Sie sich gegenseitig auf Ihre Stärken aufmerksam machen.
Schreiben Sie die Namen aller Gruppenmitglieder auf kleine Zettel. Jede/r zieht einen Namen und überlegt, welche der folgenden besonderen Fähigkeiten die gezogene Person besitzt. Natürlich können Sie weitere Qualitäten aus Ihrer eigenen Beobachtung ergänzen.

❑ ____________ **„Zuflucht in der Not“** – wenn irgend etwas schiefgelaufen ist, kann man immer zu dir kommen. Du findest immer ein ermutigendes und verständnisvolles Wort.

❑ ____________ **„Lotse in schwierigem Fahrwasser“** – du behältst die Übersicht auch in verwickelten Situationen und findest sicher einen gangbaren Weg. Du bist ein Modell für Charakterfestigkeit und Integrität.

❑ ____________ **„Mary Poppins“** – immer leicht zu begeistern für ein phantastisches Abenteuer, eine spannende Geschichte oder eine verrückte Idee. Mit dir zusammen macht das Leben einfach Spaß.

❑ ____________ **„Mr/Mrs Allwissend“** – niemand kann schwierige Dinge so gut, anschaulich und interessant erklären wie du; wenn alle Kinder mit solchen Lehrern gesegnet wären, sähe die Schulwelt anders aus.

❑ ____________ **„Ruhepol“** – du gibst einem das Gefühl, immer willkommen zu sein, und findest auch in der größten Hektik Zeit für ein persönliches Wort, einen Spaß oder ein nettes Zusammensein.

❑ ____________ **„Kuschelbär“** – wenn man einfach nur in den Arm genommen werden will, ist man bei dir immer richtig. Keiner kann besser trösten.

❑ ____________ **„Mr/Mrs 7. Sinn“** – du entdeckst in anderen Fähigkeiten, von denen sie selber noch nichts ahnten, und bist unschlagbar, wenn es darum geht, verborgene Talente hervorzulocken und zu fördern.

❑ ____________ **„Captain Cook“** – immer unterwegs zu neuen Horizonten. In deiner Nähe gibt man sich nicht schnell mit engen Grenzen zufrieden, sondern bekommt Lust, die ganze, weite Welt zu erobern.

❑ ____________ ____

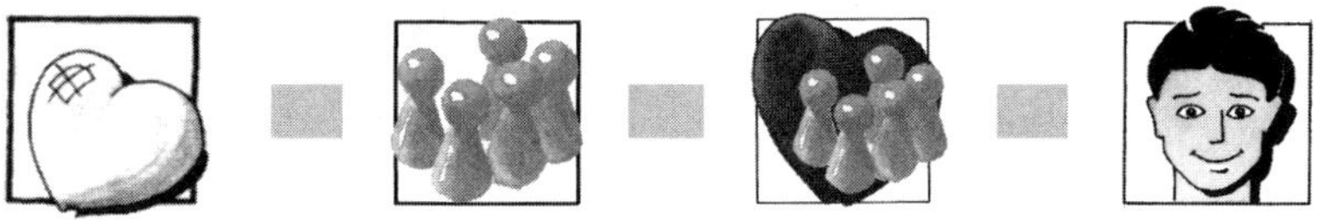

Wertschätzung

Dieser Vorschlag gibt Ihnen Gelegenheit, einmal zum Ausdruck zu bringen, was Sie an anderen schätzen. Dazu ein spielerisches Angebot.
Lesen Sie die folgenden Beschreibungen im stillen durch und überlegen Sie dabei, wer aus Ihrer Runde dem beschriebene Schiffstyp wohl am besten entspricht. Wenn Sie jedem Teilnehmer „seinen" Schiffstyp zugeordnet haben, teilen Sie sich mit, was Sie aneinander entdeckt haben. Beginnen Sie, indem alle zunächst einem oder einer aus der Runde sagen, welches Schiff sie für sie oder ihn ausgewählt haben. Anschließend erhält der nächste sein „Echo", bis alle an der Reihe waren.

____________ **Schlepper:** zuverlässig, anspruchslos, belastbar und unentbehrlich für schwerbeladene Schiffe mit großen Lasten.

____________ **Motorjacht:** elegant, schnittig, bestens ausgerüstet für Luxusreisen und Hochseesport.

____________ **Venezianische Gondel:** verspielt, romantisch, ein Gefährt für besonders zauberhafte Stunden

____________ **Wikingerschiff:** Leinen los für die Fahrt ins Unbekannte! Für Harmonie in der Rudermannschaft wird bestens gesorgt. Auf zu neuen Ufern!

____________ **Viermast-Segler:** gut ausbalancierte Königin der Meere, gleitet mit vollen Segeln im Wind gelassen durch tiefe Wasser.

____________ **Papier-Segelboot:** mit originell bemaltem Papiersegel, echte Handarbeit, kreativ, liebenswert kindlich, verheißt viel Spaß.

____________ **Rennboot:** unglaubliche Kraft, wenig Widerstand, wendig, immer im Geschwindigkeitsrausch.

____________ **Geheimnisvolles Schatzschiff:** hat exotische Gewürze und verborgene Kostbarkeiten an Bord, birgt manches unentdeckte Geheimnis.

____________ **Flugzeugträger:** ausgefeilt und kompliziert, komplex, ausgestattet mit modernsten Kommunikationsmitteln, perfekt durchorganisiert.

____________ **Mississippi-Dampfer:** gut erhaltenes Nostalgiestück, gleitet mit behäbiger Eleganz zu unterhaltsamer Musik gemächlich durch ruhiges Wasser.

____________ **Altes Ruderboot:** unkompliziert und robust, gerade richtig zum Fischen in ruhigen Gewässern oder zum Träumen auf einem kleinen abgeschiedenen See.

____________ **Fischkutter:** kein überflüssiger Luxus, aber mit allem Notwendigen ausgestattet, um für eine solide Lebensgrundlage zu sorgen; vorwiegend in küstennahen Bereichen anzutreffen.

____________ ____

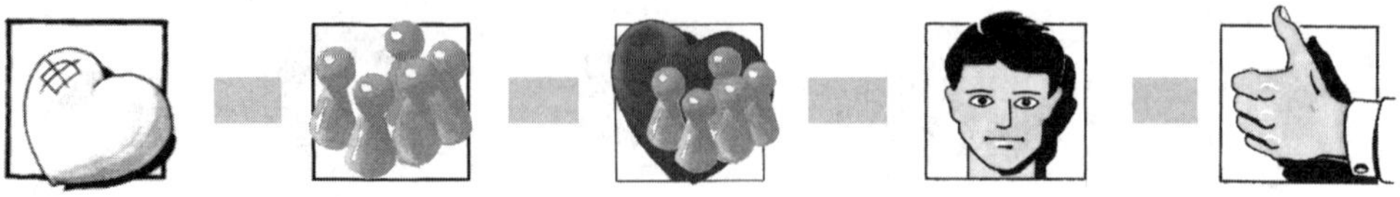

Glückliche Menschen

Unten finden Sie eine Auflistung von Eigenschaften, die sich von den Seligpreisungen ableiten, den Eigenschaften, die nach den Worten Jesu einen glücklichen Menschen kennzeichnen.
Überlegen Sie, auf wen in Ihrer Gruppe die jeweiligen Beschreibungen am besten passen, und schreiben Sie die Anfangsbuchstaben dieser Person neben die betreffende Eigenschaft.
Nun hört sich einer nach dem anderen an, welche Eigenschaft die anderen ihm zugeschrieben haben.

_____ SELBSTANNAHME: Die Fähigkeit, sich selbst mit allen Unvollkommenheiten anzunehmen und dadurch anderen zu helfen, sich selbst zu akzeptieren.

_____ EINFÜHLUNGSVERMÖGEN: Die Fähigkeit, sich in andere Menschen hineinzuversetzen, mit ihnen zu lachen und zu weinen.

_____ FREUNDLICHKEIT: Die Fähigkeit, sanft und nachgiebig zu sein (weil man innerlich stark ist) und andere zu führen und anzuleiten, ohne sie zu erdrücken.

_____ GEISTLICHE LEBENSFÜHRUNG: Die Fähigkeit, das Leben von geistlichen Prioritäten her zu gestalten und andere zu einem intensiveren Leben mit Christus zu bewegen.

_____ SENSIBILITÄT: Die Fähigkeit, die Verletzungen und das Leid anderer wahrzunehmen und für sie da zu sein, ohne aufdringlich oder neugierig zu wirken.

_____ TRANSPARENZ: Die Fähigkeit, ich selbst zu sein, ohne mich zu verstellen, und zuzulassen, daß die Gegenwart Christi durch mich hindurchscheint.

_____ FRIEDEN STIFTEN: Die Fähigkeit, bei Streitereien und Konflikten zu vermitteln, ohne daß einer der „Verlierer" ist.

_____ BESTÄNDIGKEIT: Die Fähigkeit, für das, was ich glaube, einzutreten, ohne mich dafür zu verteidigen oder faule Kompromisse zu schließen.

Wen Jesus glücklich nennt

Glücklich sind, die erkennen, wie arm sie vor Gott sind,
denn Gottes Herrschaft und Herrlichkeit gehört ihnen.
Glücklich sind die Traurigen, denn Gott wird sie trösten.
Glücklich sind, die auf Gewalt verzichten, denn sie werden die ganze Erde besitzen.
Glücklich sind, die sich nach Gottes Gerechtigkeit sehnen,
denn Gott wird ihre Sehnsucht stillen.
Glücklich sind die Barmherzigen, denn Gott wird auch mit ihnen barmherzig sein.
Glücklich sind, die ein reines Herz haben, denn sie werden Gott sehen.
Glücklich sind, die Frieden stiften, denn Gott wird sie seine Kinder nennen.
Glücklich sind, die deshalb verfolgt werden, weil sie Gottes Willen tun.
sie werden mit Gott in seinem Reich leben. Matthäus 5,3-10

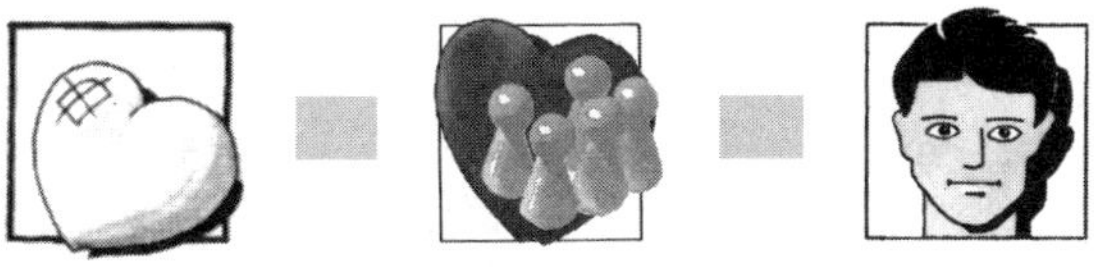

Fragen, Fragen (3)

Die folgenden Fragen eignen sich für Gruppen, die bereits einige Monate zusammen sind. Jeder aus der Gruppe wählt drei Fragen aus, auf die er gern antworten möchte. In Gruppen, in denen eine große Offenheit möglich ist, können sich die Teilnehmer auch untereinander Fragen stellen.

Was magst du an dir selbst am meisten?

Was ist für dich an dieser Gruppe besonders wertvoll?

Wenn du den Trick wüßtest, mit dem du deinen Beruf, deine Ehe/Familie, deine Gemeinde perfekt machen könntest, was würde sich dadurch ändern? Gibt es einen konkreten Schritt, den du in dieser Woche auf diese Veränderung hin unternehmen kannst?

Was brauchst du, damit dein Leben mehr von deinem Glauben durchdrungen wird?

Wenn du ein Jahr deines Lebens noch einmal leben könntest, welches Jahr würdest du wählen? Warum?

Welche Enttäuschung, die du mit dieser Gruppe erlebt hast, fällt dir spontan ein?

Wenn du dich selbst mit einem bestimmten Duft oder Geschmack beschreiben solltest, was wäre das?

Was tust du, wenn dir der Alltag oder das Leben im allgemeinen über den Kopf wächst? Warum gerade das?

Wofür in deinem Leben bist du am meisten dankbar?

Was war die peinlichste Erfahrung, die du bisher gemacht hast?

Welche Erinnerungen hast du an deine Großeltern?

Welche Eigenschaften schätzt du an einem Freund/einer Freundin am meisten?

Worin unterscheidest du dich am meisten von dem Bild, das andere gewöhnlich von dir haben?

Wenn dir der Erfolg sicher wäre – welche drei Ziele würdest du gern erreichen?

Wann hast du zum ersten Mal ernsthaft mit dem Glauben zu tun bekommen? Wie hast du reagiert?

Wann, wenn überhaupt, wurde Gott für dich zu mehr als nur einer Chiffre?

Welche drei Eigenschaften deines Vaters haben dich besonders beeindruckt/gestört?

Was ist deine schönste Kindheitserinnerung?

Welches ist der größte Traum, der für dich bisher in Erfüllung ging?

Für welche „Katastrophe" deines Lebens bist du im Nachhinein dankbar?

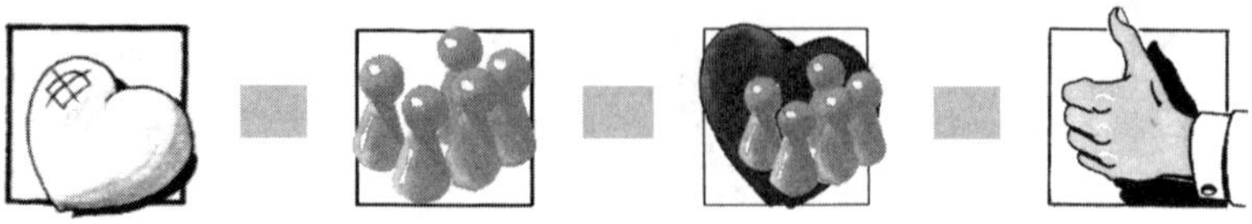

Wenn Vertrauen schwerfällt

Jeder von uns kennt Zeiten, in denen es schwer ist, eine Hoffnung für die Zukunft oder Vertrauen auf Gottes Hilfe durchzuhalten. Deshalb brauchen wir den Zuspruch durch andere. Die folgenden Bibelverse sind solche Mutmacher für schwierige Zeiten. Sie halten unsere Hoffnung auf Gott am Leben. Sie sind sein Versprechen, daß er uns nicht im Stich lassen wird.
Welches Wort spricht Sie im Moment besonders an? Lassen Sie sich davon durch die kommende Woche begleiten. Schreiben Sie es auf ein Kärtchen und legen Sie die Karte an einen Platz, den Sie immer wieder einmal im Blick haben (Badspiegel, Kühlschranktür o.ä.)
Nachdem alle ein Wort für sich gewählt haben, teilen Sie einander mit, was sie ausgesucht haben und in welcher Situation dieses Wort gerade jetzt bedeutsam für Sie ist.

Berge mögen einstürzen und Hügel wanken, aber meine Liebe zu dir wird nie erschüttert, und mein Friedensbund mit dir wird niemals wanken. Das verspreche ich, der Herr, der dich liebt. Jesaja 54,10

Du, Herr, bist alles, was ich habe; du gibst mir alles, was ich brauche. In deiner Hand liegt meine Zukunft. Was du mir gibst, ist gut. Psalm 16,5

Warum nur bin ich so traurig? Warum ist mein Herz so schwer? Auf Gott will ich hoffen, denn ich weiß: ich werde ihm wieder danken. Er ist mein Gott, er wird mir beistehen! Psalm 42,6

Der Herr ist mein Hirte. Nichts wird mir fehlen. Und geht es auch durch dunkle Täler, fürchte ich mich nicht, denn du, Herr, bist bei mir. Du beschützt mich mit deinem Hirtenstab. Psalm 23,1.4

Denn Gott hat uns seinen Heiligen Geist gegeben. Und das ist kein Geist der Furcht, sondern ein Geist, der uns mit Kraft, Liebe und Selbstüberwindung erfüllt.
2.Timotheus 1,7

Aber alle, die ihre Hoffnung auf den Herrn setzen, bekommen neue Kraft. Sie sind wie Adler, denen mächtige Schwingen wachsen. Sie gehen und werden nicht müde, sie laufen und sind nicht erschöpft. Jesaja 40,31

Haltet an der Hoffnung fest, zu der wir uns bekennen, und laßt euch durch nichts davon abbringen. Ihr könnt euch felsenfest auf sie verlassen, weil Gott sein Wort hält. Hebräer 10,23

Ich schaue hinauf zu den Bergen – woher kann ich Hilfe erwarten? Meine Hilfe kommt vom Herrn, der Himmel und Erde gemacht hat. Psalm 121,1.2

Glücklich ist der zu nennen, der die Bewährungsproben besteht und im Glauben fest bleibt. Gott wird ihn mit dem Siegeskranz, dem ewigen Leben, krönen. Das hat er allen versprochen, die ihn lieben Jakobus 1,12

Jesus sagt: Ihr dürft sicher sein: Ich bin immer und überall bei euch, bis an das Ende dieser Welt! Matthäus 28,20

Stärkt die kraftlosen Hände! Laßt die zitternden Knie wieder fest werden! Sagt denen, die sich fürchten: Faßt neuen Mut! Habt keine Angst mehr, denn euer Gott ist bei euch! Jesaja 35,3.4

In höchster Not rüttelten die Jünger Jesus wach: „Herr!" schrien sie. „Wir gehen unter!" Jesus stand auf und bedrohte den Wind und die Wellen. Da legte sich der Sturm, und es wurde ganz still. Lukas 8,24

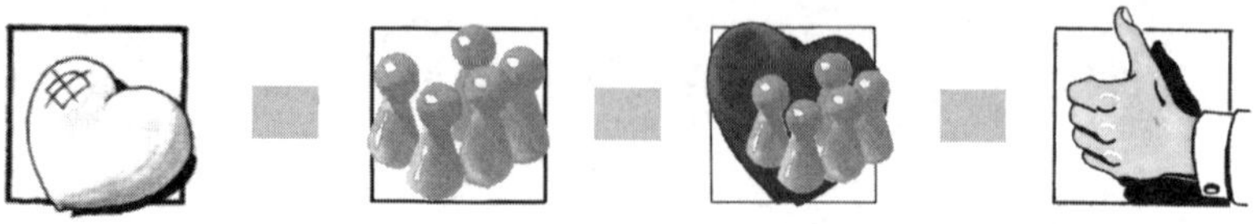

Therapie gegen Sorgen

Gott regiert die Welt und unser Leben. Oft genug allerdings glauben wir, wir selbst oder die Umstände spielten die entscheidende Rolle – und verfallen in Sorgen und Befürchtungen aller Art. Die Bibelworte auf dieser Seite stellen eine gute Therapie gegen diese Art von Sorgen da. Wählen Sie ein Wort aus, das Sie besonders anspricht, und lesen Sie es so, als sei es zu Ihnen ganz persönlich gesagt oder als sei es Ihr ganz persönliches Gebet.

Überlaßt alle eure Sorgen Gott, denn er sorgt für euch. 1. Petrus 5,7

Du kleine Herde, du brauchst keine Angst vor der Zukunft zu haben! Denn dir will der Vater sein Königreich schenken. Lukas 12,32

Verlaß dich nicht auf deine eigene Urteilskraft, sondern vertraue voll und ganz dem Herrn! Denke bei jedem Schritt an ihn; er zeigt dir den richtigen Weg und krönt dein Handeln mit Erfolg. Sprüche 3,5-6

Gott ist unsere Zuflucht und Stärke, ein bewährter Helfer in Zeiten der Not. Darum fürchten wir uns nicht, selbst wenn die Erde erbebt, wenn die Berge wanken und in den Tiefen des Meeres versinken. Psalm 46,1-2

Du aber darfst sagen: „Beim Herrn bin ich geborgen!" Ja, bei Gott, dem Höchsten, hast du Heimat gefunden. Darum wird dir nichts Böses zustoßen, kein Unglück wird dein Haus erreichen. Psalm 91,9-10

Seht euch die Vögel an! Sie säen nichts, sie ernten nichts und sammeln auch keine Vorräte. Euer Vater im Himmel versorgt sie. Meint ihr nicht, daß er sich um euch noch viel mehr kümmert? Matthäus 6,26

Dies alles habe ich euch gesagt, damit ihr durch mich Frieden habt. In der Welt werdet ihr von allen Seiten bedrängt, aber vertraut darauf: Ich habe die Welt besiegt. Johannes 16,23

Der Herr ist mein Fels, meine Festung und mein Erretter, mein Gott, meine Zuflucht, mein sicherer Ort. Er ist mein Schild, mein starker Helfer, meine Burg auf unbezwingbarer Höhe. Psalm 18,3

Der Herr schützt dich vor allem Unheil, er bewahrt dein Leben. Er gibt auf dich acht, wenn du aus dem Hause gehst und wenn du wieder heimkehrst. Jetzt und für immer steht er dir bei! Psalm 121,7.8

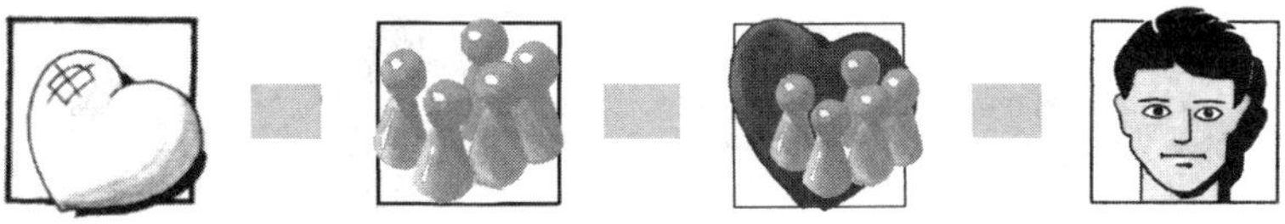

„Vater unser" – Beten lernen

Beten, ja – aber wie? Diese Frage kannten schon die Jünger – und sie erhielten eine Antwort von Jesus: Das Vaterunser als „Modell" für unser eigenes Gebet – auch für das gemeinsame Gebet in der Gruppe.

Vorschlag A: Jeder Teilnehmer wählt sich eine Zeile des Vaterunser-Textes und formuliert deren Aussage in eigenen Worten. Wenn alle fertig sind, tragen Sie zusammen, wie das Gebet Ihrer Gruppe lautet. Zum Abschluß beten Sie es gemeinsam.

Vorschlag B: Alle formulieren eine eigene Version zum ganzen Vaterunser-Text. Anschließend werden die verschiedenen Fassungen vorgetragen. Sie werden entdecken, wie vielfältig Gebete sein können, die sich an demselben Vorbild orientieren.

Vater unser

im Himmel!

Geheiligt werde dein Name.

Dein Reich komme.

Dein Wille geschehe,

wie im Himmel so auch auf Erden.

Unser tägliches Brot gib uns heute.

Und vergib uns unsere Schuld,

wie auch wir vergeben unseren Schuldigern.

Und führe uns nicht in Versuchung,

sondern erlöse uns von dem Bösen.

Denn dein ist das Reich und die Kraft und die Herrlichkeit in Ewigkeit. Amen.

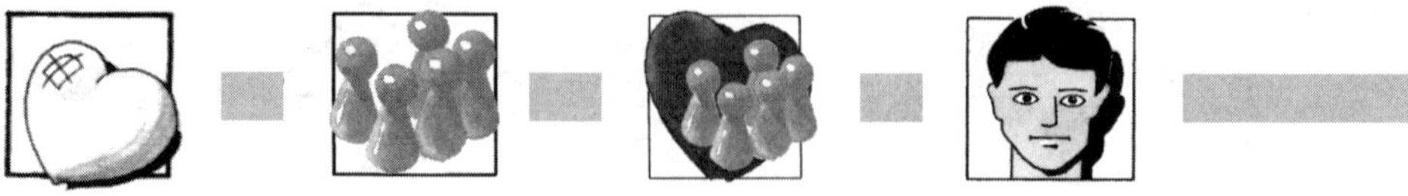

Meine Geschichte mit Gott

In Gruppen, deren Mitglieder sich bereits längere Zeit kennen, wird es möglich sein, sich gegenseitig die eigene Glaubensgeschichte zu erzählen. Die folgenden Anregungen geben Ihnen ein Gerüst dafür – Sie können natürlich darüber hinausgehen oder eine Auswahl treffen. Jede/r entscheidet selbstverständlich selbst darüber, was die Gruppe erfahren soll.

Eine meiner frühesten Erinnerungen an Kirche oder Gottesdienst ist ...

Die erste Person, die ich kennenlernte, deren Glaube oder Frömmigkeit mich beeindruckt hat ...

Eine der ersten Erfahrungen, in denen ich wirklich nach Gottes Hilfe gesucht habe ...

Ein entscheidender Schritt für mich zu einem persönlichen Glauben war ...

Seitdem mein Glaube mehr geworden ist als eine Konvention, würde ich meine „Geschichte mit Gott" beschreiben als ...

Wichtige Veränderungen in meinem Glaubensleben von seinem Ursprung bis jetzt waren ...

Kirche, Gemeinde, Gemeinschaft spielt für meinen Glauben folgende Rolle...

Was ich in meinem Glaubensleben gern ändern würde ...

Für die Zukunft meines Weges mit Gott wünsche ich mir ...

Die größte Bereicherung, die mein Leben durch den Glauben erfahren hat, ist ...

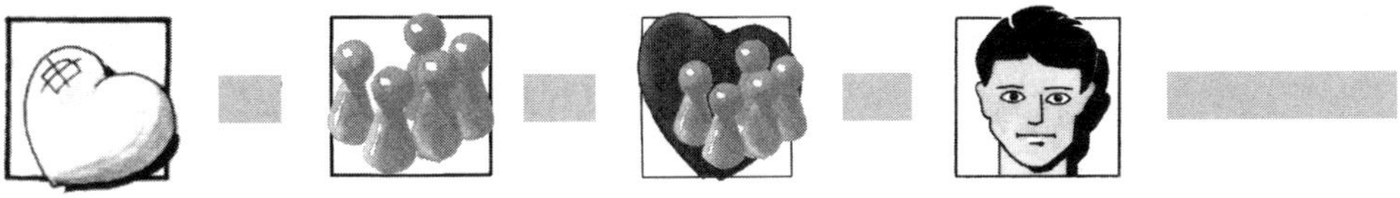

Gruppenklima und Großwetterlage

Welche Großwetterlage herrscht zur Zeit in Ihrer Gruppe? Wie ist das allgemeine Klima?
Und wie erleben die einzelnen Mitglieder den „Standort" Gruppe?
Ein Gespräch anhand der folgenden Stichworte ist z.B. hilfreich in Situationen, wenn das Miteinander in einer Gruppe mühsam wird oder es offen oder unterschwellig „nicht mehr richtig stimmt". Teilen Sie sich gegenseitig mit, wie Sie die Gruppe momentan erleben, und überlegen Sie anschließend, welche „Klimaverbesserungsmaßnahmen" – falls nötig – ergriffen werden können.

1. Die Großwetterlage in unserer Gruppe würde ich beschreiben als ...
   - ❑ heiß und stickig – typische hochsommerliche Gewitterschwüle.
   - ❑ milde Brise, angenehme Temperatur – ein Wetter, wie ich es mag.
   - ❑ stürmisch – für meinen Geschmack geht's ein wenig zu turbulent zu.
   - ❑ Frühlingsregen – erfrischend und belebend: ich spüre förmlich, wie ich wachse.
   - ❑ Schneesturm im August – was soll diese Gruppe überhaupt?
   - ❑ sonnig und trocken – gerade das richtige Wetter zum Entspannen.
   - ❑ ____

2. Wir befinden uns gerade ...
   - ❑ im Winter: kalt, trübe, dunkel und die Nächte scheinen kein Ende zu nehmen.
   - ❑ im Sommer: stabiles Hoch mit reichlich Sonne – wir sprühen vor Unternehmungslust.
   - ❑ im Frühling: Die ersten Keime kommen schon aus dem Boden. Große Dinge kündigen sich an – wir leben so richtig auf.
   - ❑ im Herbst: kühler Wind und fallende Blätter. Wir sollten uns auf's Überwintern vorbereiten.
   - ❑ ____

3. Unseren „Standort" würde ich beschreiben als ...
   - ❑ Sumpf – unheimlich, jeder Schritt ein unkalkulierbares Risiko.
   - ❑ Wüste – so weit ich sehen kann ... Nichts!
   - ❑ Alpenwiese – die Luft ist klar und alles grünt und blüht.
   - ❑ Sturmflutgefährdete Küste – der nächste Hurrican braut sich schon zusammen.
   - ❑ Mondlandschaft – es ist ja sehr interessant hier, aber diese Raumanzüge trennen uns doch sehr voneinander.
   - ❑ Berggipfel – ich erblicke Dinge, die ich sonst nie zu sehen bekomme.
   - ❑ ____

 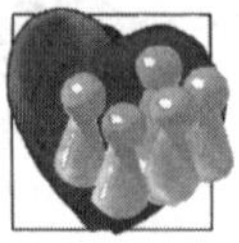 

Reisegepäck

Abschiednehmen ist für die wenigsten Menschen leicht. Auch Kleingruppen müssen sich gelegentlich teilen, trennen, neu finden. Wenn Ihre Gruppe in einer solchen „Abschiedssituation" ist, hilft dieser Vorschlag Ihnen dabei, daß jede/r für den weiteren Weg gut ausgerüstet ist.
Was würden Sie den anderen in der Gruppe gerne mitgeben? Einen Kuschelteddy? Eine Adressenliste? Ein fröhliches Herz? Oder ...?
Notieren Sie die Namen und Ihr persönliches Geschenk. Wenn Sie gegenseitig die Geschenke verteilen, können Sie die Wahl Ihrer Gabe kurz erläutern.

Name **Geschenk**

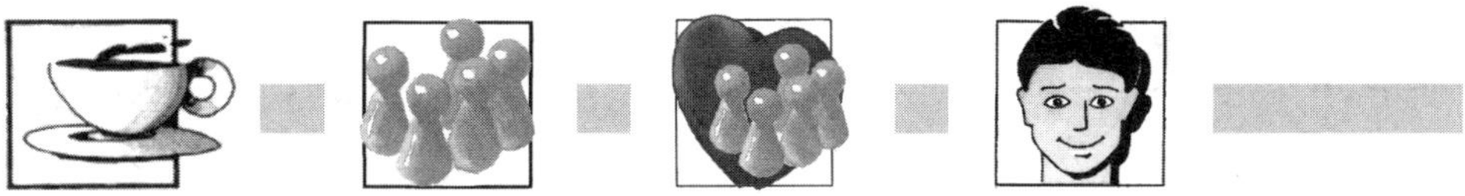

Leonardo da Vinci

Warum immer nur reden? In jedem von Ihnen steckt ein kleiner Rembrandt oder van Gogh oder ... Aber keine Angst: Es geht nicht um einen Zeichenwettbewerb. Malen Sie sich doch einmal gegenseitig vor Augen, wie Sie diese Gruppe, sich selbst darin und die anderen zur Zeit erleben. Was bedeutet es für Sie, zu dieser Gruppe zu gehören? Hat sich dadurch in Ihrem Leben etwas geändert?
Malen Sie Ihr „Gruppengemälde" auf die Leinwand – und dann viel Spaß beim Gang durch Ihre „Galerie"!

Vorbereitungs-Tip: Buntstifte, Wasserfarben, Filz- oder Wachsmalstifte sollten bereitliegen. Evtl. empfiehlt es sich, die Zeichnung unten zu vergrößern.

SERENDIPITY forum

Lebensthemen, die alle angehen

Das Ziel: Im Gespräch über Lebensthemen und Glaubensfragen als Gruppe weiter zusammenwachsen. Pro Einheit zwei Vorschläge für das Bibelgespräch: Vorschlag 1 ermöglicht einen ersten, einfachen Zugang zu einem biblischen Text; Vorschlag 2 zeigt einen weiterführenden Weg für Gruppen, die tiefer in biblische Zusammenhänge einsteigen wollen.
Je 64 Seiten, geheftet, Format 16,5 x 23,5 cm, jeweils 7 bis 13 Einheiten, Kursdauer 7 oder 13 Wochen

Hauptberuf Eltern
Mehr als ein Spaziergang
Sieben Stationen im Familienleben
ISBN 3-7655-0721-0

Selbstporträt
Auf der Suche nach mir selbst
Sieben Spiegelbilder fürs eigene Ich
ISBN 3-7655-0722-9

Streß
Was zuviel ist, ist zuviel!
Sieben Rezepte gegen Überforderung
ISBN 3-7655-0723-7

Beziehungen
Aufbruch zu echter Gemeinschaft
Sieben Schritte zum Aufbau gesunder Beziehungen
ISBN 3-7655-0724-5

Das steht fest!
Entdecken, woran ich glaube
Sieben Grundlagen des Glaubens
ISBN 3-7655-0725-3

Wo geht's lang?
Maßstäbe für heute und morgen
Sieben Grundwerte, die herausfordern
ISBN 3-7655-0726-1

SERENDIPITY konkret

Schwierige Lebensituationen gemeinsam bewältigen

Das Ziel: Das Leben gemeinsam bewältigen, sich gegenseitig unterstützen und neue Perspektiven entdecken. Jedes Thema wird in zwei Gesprächseinheiten behandelt: Einheit 1: Sachinformation zum Thema und Erfahrungsaustausch. Einheit 2: Biblische Perspektiven zum Thema.
Je ca. 80 Seiten, geheftet, Format 16,5 x 23,5 cm, jeweils 7 bis 14 Einheiten, Kursdauer 7 bis 14 Wochen

Geteiltes Leid
Hoffnung gewinnen im Umgang mit Verlust und Trauer
ISBN 3-7655-0751-2

Kleine Kinder, kleine Sorgen?
Vom Wickeltisch bis zum Kindergarten
ISBN 3-7655-0752-0

SERENDIPITY bibel

Gemeinsam den Glauben vertiefen

Das Ziel: Miteinander im Glauben unterwegs sein, die Bibel besser kennenlernen und dadurch das eigene Leben tiefer verstehen.
Die Vorschläge für das Bibelgespräch führen in den Text, beachten aber auch die Verbindung zur Lebenserfahrung der Teilnehmer und ermöglichen eine Vertiefung der Gemeinschaft in der Gruppe.
Je ca. 80 Seiten, geheftet, Format 16,5 x 23,5 cm. Dauer: 7 bis 12 Wochen

Die Gleichnisse
Wie Jesus von Gott erzählt
ISBN 3-7655-0781-4

Die Bergpredigt
Leben mit eigenem Stil
ISBN 3-7655-0782-2

Epheser/Philipper
Mit Paulus Gemeinde entdecken
ISBN 3-7655-0783-0

Begegnung mit Jesus
Stationen seines Wirkens
ISBN 3-7655-0784-9

Wunder
Jesus und seine Taten verstehen
ISBN 3-7655-0785-7

SERENDIPITY trend

Für Teenkreise, Jugendgruppen, junge Erwachsene

Gut drauf
Wer bin ich eigentlich?
Sieben Schritte zur Selbstfindung
ISBN 3-7655-0811-x

Voll dabei
Freunde braucht jeder
Sieben Bausteine für gute Freundschaften
ISBN 3-7655-0812-8

Ich glaub's
Den Sprung wagen
Sieben Begegnungen mit Jesus
ISBN 3-7655-0813-6

Wieso nicht?
Tun, was ich will
Sieben Entscheidungen für einen starken Lebenstil
ISBN 3-7655-0814-4

SERENDIPITY – ein zukunftsweisendes Instrument für den Gemeindeaufbau

Natürlich können Sie Serendipity-Kurshefte im Rahmen bestehender Hauskreise und Gesprächsgruppen einsetzen. Damit haben Sie aber nur einen Teil des Potentials ausgeschöpft.
SERENDIPITY bietet Ihnen ein Konzept, in dem eine bedürfnisorientierte, zielgruppengerechte Kleingruppenarbeit zum tragenden Baustein einer einladenden, beziehungsorientierten Gemeindearbeit wird.
Deshalb bietet der **Arbeitskreis** SERENDIPITY in Deutschland, Österreich und der Schweiz ein **Schulungsprogramm** an, das Ihnen Gelegenheit gibt, dieses Konzept kennenzulernen und selbst erste Erfahrungen damit zu machen.

Unser Angebot:
1. Informations- und Schulungstage für Gemeindeleiter, Pfarrer, Verantwortliche für Kleingruppenarbeit und alle Interessierten, die
- ✓ die Kleingruppenarbeit ihrer Gemeinde aufwerten und erweitern möchten
- ✓ Wege suchen, Außenstehenden einladend und menschlich überzeugend zu begegnen
- ✓ ihr Kleingruppenangebot an den Bedürfnissen der Menschen orientieren möchten
- ✓ ihre Kleingruppenleiter wirksam unterstützen möchten.

Inhalte (in Auswahl):
- ❑ Warum Kleingruppen entscheidend sind für eine gesunde Gemeindeentwicklung
- ❑ Was ein Kleingruppennetz zur missionarischen Wirksamkeit beitragen kann
- ❑ Wie können Kleingruppen in die Gesamtrichtung der Gemeindearbeit integriert werden?
- ❑ Wie können bestehende Hauskreise belebt werden?
- ❑ Impulse für die Umsetzung in die eigene Situation
- ❑ Wie kann das Serendipity-Material gewinnbringend eingesetzt werden?

2. Schulungen für Kleingruppenleiter, geeignet für Leiter von Hauskreisen oder Gesprächsgruppen und solche, die es werden möchten.
Inhalte (in Auswahl):
- ❑ Was nötig ist, damit Gemeinschaft entsteht
- ❑ Wie Bibelgespräche so einfach werden, daß jeder mitreden kann
- ❑ Wie eine Gruppe auf Kurs bleibt
- ❑ Lebenszyklus: die Eigendynamik einer Gruppe

Was Sie erwartet: ✓ Gruppengespräche ✓ Kurzreferate ✓ Fragen ✓ Austausch ✓ Smalltalk in den Pausen ✓ die Gelegenheit, selbst Erfahrungen mit Serendipity zu machen

3. Gemeindeberatung: Gern kommen wir auch zu Ihnen und beraten Sie gezielt im Blick auf die Situation in Ihrer Gemeinde.
Wenn Sie sich über die einzelnen Angebote weiter informieren möchten, wenden Sie sich bitte an:
Arbeitskreis SERENDIPITY

Deutschland:
Husumer Str. 10
27777 Ganderkesee
Tel. 0 42 21 - 40 97 8
Fax 0 42 21 - 40 88 5

Österreich:
Mitterweg 4
4522 Sierning
Tel. 072 59 28 72
Fax 072 59 28 72 4

Schweiz:
Bibellesebund
Flugplatzstr. 5
8404 Winterthur
Tel. 052 245 14 45
Fax 052 245 14 46